Inge Seiffge-Krenke

Neid

Viele Begriffe, die wir aus der Psychoanalyse kennen, blicken auf eine lange Geschichte zurück und waren zum Teil schon vor Freuds Zeit ein Thema. Einige Begriffe haben längst den Weg aus der Fachwelt hinaus in die Umgangssprache gefunden. Alle diese Begriffe stellen heute nicht nur für die Psychoanalyse, sondern auch für andere Therapieschulen zentrale Bezugspunkte dar.

Die Reihe »Analyse der Psyche und Psychotherapie« greift grundlegende Konzepte und Begrifflichkeiten der Psychoanalyse auf und thematisiert deren jeweilige Bedeutung für und ihre Verwendung in der Therapie. Jeder Band vermittelt in knapper und kompetenter Form das Basiswissen zu einem zentralen Gegenstand, indem seine historische Entwicklung nachgezeichnet und er auf dem neuesten Stand der wissenschaftlichen Diskussion erläutert wird.

Alle Autorinnen und Autoren sind ausgewiesene Fachleute auf ihrem Gebiet und können aus ihren langjährigen Erfahrungen in Klinik, Forschung und Lehre schöpfen. Die Reihe richtet sich in erster Linie an Psychotherapeutinnen und -therapeuten aller Schulen, aber auch an Studierende in Universität und Therapieausbildung.

Unter anderem sind bereits erschienen:

Band 7 Jens L. Tiedemann: Scham. 2013.
Band 8 Ilka Quindeau: Sexualität. 2014.
Band 9 Angelika Ebrecht-Laermann: Angst. 2014.
Band 10 Hans-Dieter König: Affekte. 2014.
Band 11 Bernhard Strauß: Bindung. 2014.
Band 12 Ludwig Janus: Geburt. 2015.
Band 13 Jürgen Grieser: Triangulierung. 2015.
Band 14 Bernd Nissen: Hypochondrie. 2015.
Band 15 Roland Voigtel: Sucht. 2015.
Band 16 Joachim Küchenhoff: Depression. 2017.
Band 17 Diana Pflichthofer: Trennungen. 2017.
Band 18 Gianluca Crepaldi: Containing. 2018.
Band 19 Thomas Auchter: Trauer. 2019.
Band 20 Mathias Hirsch: Schuldgefühl. 2020.
Band 21 Wolfgang Wöller: Dissoziation. 2020.
Band 22 Timo Storck, Felix Brauner: Körpergefühl. 2021.
Band 23 Petra Holler: Borderline. 2023.
Band 24 Werner Köpp, Tabea A. Tillinger: Essstörungen. 2023.

Band 25 **Analyse der Psyche und Psychotherapie**

Inge Seiffge-Krenke

Neid

Psychosozial-Verlag

Bibliografische Information der Deutschen Nationalbibliothek
Die Deutsche Nationalbibliothek verzeichnet diese Publikation in der Deutschen Nationalbibliografie; detaillierte bibliografische Daten sind im Internet über http://dnb.d-nb.de abrufbar.

Originalausgabe

E-Mail: info@psychosozial-verlag.de
www.psychosozial-verlag.de

Umschlaggestaltung & Innenlayout nach Entwürfen
von Hanspeter Ludwig, Wetzlar
Satz: metiTec-Software, www.me-ti.de
ISBN 978-3-8379-3348-2 (Print)
ISBN 978-3-8379-6247-5 (PDF-E-Book)
ISSN 2943-6222 (Print)
ISSN 2943-6230 (Online)

Inhalt

Die frühe Entwicklung des Neidkonzepts

Die Psychoanalyse hat der theoretischen Konzeptualisierung von Neid nicht sehr viel Aufmerksamkeit gewidmet, verglichen mit anderen Affekten wie Angst oder Scham (Seidler, 2001; Wurmser, 2006; Subic-Wrana & Beutel, 2018). Obwohl Neid sich nicht nur in vertikalen, sondern auch in horizontalen Beziehungen zeigt, ist doch auffällig, dass in den frühen psychoanalytischen Theorien lange Zeit weitgehend vertikale Beziehungsmuster betrachtet wurden. Auch ist bemerkenswert, dass Neidkonzeptionen überwiegend den negativen, zerstörerischen Affekt betonen und weniger die Ressource – den Ansporn für Entwicklung.

Eine solche negative Sicht ist in den Konzeptionen von Alfred Adler, Melanie Klein und auch von Sigmund Freud deutlich. Ich werde noch zeigen, dass die Geschwisterkonstellationen der frühen Psychoanalytiker[1] durch Gefühle von Benachteiligung, Neid und Todeswünschen bzw. real eingetroffenem Tod von Geschwistern gekennzeichnet waren. Auch die Anfangszeit der psychoanalytischen Institutionen war durch neidvolle »Geschwisterkonflikte« dominiert, die aber kaum als solches wahrgenommen wurden (Sohni, 2011). Allerdings hat der Brüder- und Schwesternstreit auch zu großen konzeptionellen und behandlungstechnischen Bereicherungen in der Psychotherapie geführt.

Zu den frühen Konzeptionen von Neid zählt Sigmund Freuds Penisneid, der erheblicher, berechtigter Kritik ausgesetzt war. Auch Adlers Theorie der Entthronung des Erstgeborenen, die ebenfalls indirekt auf Neid verweist, ist nicht unwidersprochen geblieben. Im Kontext einer eher indirekten Beschäftigung mit

1 Im vorliegenden Buch wird das generische Maskulinum verwendet, es sind jedoch ausdrücklich alle Geschlechter mitgemeint.

Neid ist auch die Abwehrformation der altruistischen Abtretung erwähnenswert, die Sigmund Freuds Tochter Anna entwickelt hat. Es gab also zwar Vorläufer, aber Melanie Klein war die Erste, die das Neidkonzept in den Mittelpunkt ihrer analytischen Theorie stellte, die destruktiven Aspekte herausarbeitete und damit wichtige Hilfen für die klinische Arbeit mit Patienten gab.

Penisneid als dominante Konzeption bei Sigmund Freud

Wie Eliahu Feldman und Heitor De Paola (1994) in ihrer historischen Untersuchung des Neidkonzeptes herausarbeiten, hat sich Sigmund Freud über einen langen Zeitraum seines Lebens immer wieder mit dem Penisneid beschäftigt, der in seinen Schriften von 1905 bis 1937 konzeptuell ausgestaltet wird. Während er noch 1905 sehr vorsichtig von der »Benachteiligung« des weiblichen Geschlechts spricht – den neurotischen Frauen scheint etwas zu fehlen –, wird er 1908 deutlicher: Das Mädchen zeigt sich neidisch gegenüber dem Jungen, der etwas besitzt, was es nicht hat – vorausgesetzt, dass für beide Geschlechter in der phallischen Phase nur ein Sexualorgan existiert, wie Sigmund Freud meinte.

In weiteren Schriften geht es darum, dass sich das kleine Mädchen aus Enttäuschung von der Mutter ab- und dem Vater zuwendet in der Hoffnung, von ihm den begehrten Penis zu erhalten, was Sigmund Freud dann einige Jahre später konzeptualisiert in dem Wunsch, vom Vater ein Kind zu bekommen, um narzisstisch komplett zu sein. Dies verändert er später: »Mit dem Auftreten des Penis entsteht beim Mädchen der Penisneid, der sich später in dem Wunsch nach dem Mann als Träger eines Penis umsetzt« (Freud, 1917, S. 409). In einer weiteren Schrift erwähnt er 1925 im Zusammenhang mit der Masturbation, einer »männlichen Aktivität«, die Klitoris als Äquivalent zum bzw. genauer als zu kleinen Penis. 1933 zeichnet er drei Entwicklungsmöglichkeiten für Frauen auf: normale Feminität, sexuelle Hemmung oder eine charakterliche Veränderung in Richtung auf einen »Männlichkeitskomplex«. 1937 schließlich zeigt er sich pessimistisch bezüglich der Möglichkeit von Frauen, in der Analyse ihren Penisneid zu überwinden.

Die Konzeption des Penisneides ist bei Sigmund Freud eingebettet in eine Theorie der Entstehung von Neurosen mit dem Ödipuskomplex als zentralem Komplex, den Sigmund Freud für die Entstehung der Symptome seiner Patienten damals verantwortlich machte. Die Liebe des Kindes ist quasi aufgeteilt zwischen beiden Eltern: der Liebe zum gegengeschlechtlichen Elternteil, in dem Fall der Mutter, denn Sigmund Freud dachte den Ödipuskomplex zunächst aus der Perspektive des Sohnes, und Hass auf den gleichgeschlechtlichen Elternteil, in dem Fall also auf den Vater. Die Wahrnehmung, dass das Kind aus der Beziehung der Eltern ausgeschlossen und es neidisch auf deren Beziehung und auf den Vater sei, ist eher indirekt formuliert, wurde aber später von Melanie Klein aufgegriffen. Es handelt sich also um eine Neidkonzeption aus einer vertikalen Perspektive.

In der Behandlung des fünfjährigen »Kleinen Hans« (den er nie behandelt hatte, er führte Gespräche mit dessen Vater) wird der Penisneid als Konzept deutlicher. In der Angst vor Pferden oder genauer in der Beschäftigung von Hans mit dem großen »Wiwimacher« der Pferde, die eine Verschiebung darstellt, geht es letztlich um den Unterschied zwischen seinem Penis und dem Penis des Vaters. In diesem Kontext wird auch die Angst vor der Rache des Vaters (Kastrationsangst) herausgearbeitet. Ödipale Rivalität und Neid waren also Affekte, die in dieser Behandlung besonders deutlich wurden.

Später hat Sigmund Freud den Penisneid nahezu ausschließlich beim weiblichen Geschlecht verortet. Er war davon ausgegangen, dass in der phallischen Phase aus der Sicht der Kinder nur ein Geschlecht existiert, genauer ein Geschlechtsorgan, der Penis, und es gibt Kinder, die ihn besitzen (Jungen), und solche, die ihn verloren zu haben glauben (Mädchen). Insofern schreibt er den Mädchen Penisneid und den Jungen die Angst vor dem Verlust des wertgeschätzten Organs, die Kastrationsangst, zu. Später wurde präzisiert, dass es um den Phallus gehe; der Phallus ist nicht identisch mit dem Penis, sondern ein Symbol der narzisstischen Integration.

Kinder beneiden Erwachsene und Erwachsene beneiden Kinder. Dieser Generationenneid wurde von Sigmund Freud schon früh beschrieben (Freud, 1900). Er hat insbesondere auf den häufig verborgenen Neid auf die jüngere Generation hingewiesen, die so vieles hat (Schönheit, Kraft, Ideen), was dem Alter mangelt. Er bringt den Neid direkt mit dem Narzissmus in Verbindung: Der Narzisst möchte *alles* haben. Sigmund Freud hat wenig zu einer eher horizontalen Perspektive, dem Neid in Geschwisterbeziehungen, geschrieben, zu sehr war er mit der ödipalen Triade aus Vater-Mutter-Kind beschäftigt, die ganz im Fokus seiner Theorien zur psychosexuellen Entwicklung und zur Neurosenentstehung stand. Auffällig für seine Konzeption von Geschwisterbeziehungen ist eine dunkle, eher bedrohliche Seite – hier ähnelt er der Wahrnehmung von Melanie Klein und Alfred Adler –, wie die folgenden Zitate verdeutlichen:

> »Seine Geschwister liebt ein Kind nicht notwendigerweise, oft offenkundig nicht. Es ist unzweifelhaft, dass es in ihnen seine Konkurrenten hasst […]. Am leichtesten kann man das an Kindern von 2,5 bis 4 und 5 Jahren beobachten, wenn ein neues Geschwisterchen dazukommt. […] Erwachsene tragen von früher her böse Wünsche gegen ihre Geschwister in ihrem Unbewussten, die sich in Träumen realisieren können« (Freud, 1916, S. 208, 209).

Auch schreibt er, dass seine Patienten sehr häufig Träume über den Tod von Geschwistern hätten, für ihn ein Beleg der intensiven Todeswünsche, die an die Adresse der Geschwister gerichtet sind. Erstaunlicherweise hat er dies, wie noch darzustellen ist, nie mit seiner eigenen Biografie in Verbindung gebracht.

Im Gegensatz zu Melanie Klein und ihren Nachfolgern, die die enorme klinische Bedeutung des Neids und eines entsprechenden Neidkonzeptes erkannt und gewürdigt haben, hat Sigmund Freud nur sehr wenig zum Neid im therapeutischen Kontext geschrieben. Diese wenigen Aussagen beziehen sich auf die negative therapeutische Reaktion und den Narzissmus, genauer den Neid und das Gewahrwerden einer »narzisstischen Wunde« (Freud, 1925). Er geht auf die negative therapeutische Reaktion in seiner Arbeit über die endliche und unendliche Analyse ein und bringt dieses Phänomen mit dem Todestrieb in Verbindung:

> »Hält man sich das Bild in seiner Gesamtheit vor, zu dem sich die Erscheinungen des immanenten Masochismus so vie-

ler Personen, der negativen therapeutischen Reaktion und des Schuldbewusstseins der Neurotiker zusammensetzen, so wird man nicht mehr dem Glauben anhängen können, dass das seelische Geschehen ausschließlich vom Luststreben beherrscht wird. Diese Phänomene sind unverkennbare Hinweise auf das Vorhandensein einer Macht im Seelenleben, die wir nach ihren Zielen Aggressions- oder Destruktionstrieb heißen und von dem ursprünglichen Todestrieb der belebten Materie ableiten« (Freud, 1937, S. 88).

Dem Patienten geht es, obwohl er etwas Wichtiges verstanden hat, schlechter; vor allem reagiert er auf Deutungen mit einer Verschlechterung. Gemäß der damaligen Dualität bringt Sigmund Freud den Todestrieb mit dem Lebenstrieb zusammen: Die Kraft, die leben und sich verändern will, wird von Anfang an mit einer Gegenkraft (dem Todestrieb und seinen Äußerungsformen) konfrontiert, in dem sich die aggressive, zerstörerische Qualität mit der lustvollen, libidinösen verbindet. Es entsteht etwas Neues daraus, was Sigmund Freud »primären Masochismus« nennt. Die Art, wie Patienten den Therapeuten abwerten, seine Arbeit infrage stellen, darauf hinweisen, dass sich nichts geändert habe und ihr Leben weiterhin eine Qual und die Therapie nutzlos sei, hat durchaus Lustqualität.

Neid und Bruderkämpfe in der Geschichte der frühen Psychoanalyse

Die vielen Abspaltungen um Sigmund Freud, begonnen in der Mittwochsgesellschaft, sind legendär und man kann sie wie Phyllis Grosskurth (1998) als Anzeichen dafür interpretieren, dass die Psychoanalyse eine »dysfunktionale Familie« wurde.

Sigmund Freud hatte als älterer Bruder eine privilegierte Stellung innerhalb seiner Herkunftsfamilie. Seine Geschwisterbeziehungen waren verwirrend und komplex (Wellendorf, 1995): Er stand zwischen zwei erwachsenen Halbbrüdern und einer auf ihn folgenden Reihe von fünf Schwestern und einem Bruder. Da er das erste Kind aus Jakob Freuds dritten Ehe mit Amalie war, war er für diese jüngeren Geschwister der »Erstgeborene« und für seine recht junge Mutter, die dreißig Jahre jünger als sein Vater war, »mein goldener Sigi«. Seine Sonderrolle in der Familie ist unbestritten, wie auch die große Aufmerksamkeit und Liebe, die ihm beide Eltern entgegenbrachten.

> »Mein Bruder Sigmund hatte als Ältester immer sein eigenes Zimmer, während wir fünf Mädchen in zwei Zimmern zu je zwei und drei untergebracht waren […]. Ich erinnere mich heute noch sehr gut, wie Vater die Geschichte Alexander des Großen mit meinem Bruder studierte. Er bewunderte den großen Helden so sehr, dass er dem Nachgeborenen Alexander stolz diesen Namen gab. Mein Bruder Sigmund kam damals mit der Bibel zu meinem Vater und verglich unsere Familie mit diesem Buche: Unsere Familie gleich einem Buch, die zwei starken Deckel sind die Buben und die dazwischen die losen Blätter, das sind die fünf Schwestern« (Freud-Bernays, 2006, S. 15).

Vor diesem Hintergrund ist es auffällig, dass in seinen eigenen Schriften, wenn die Geschwisterbeziehung behandelt wird, zwar von Eifersucht, Dominanz und Rivalität, kaum aber von Entwicklungschancen die Rede ist. Franz Wellendorf (1995) interpretiert Sigmund Freuds lebenslange Auseinandersetzungen mit den analytischen »Brüdern« als ein Zeichen dafür, dass es Sigmund Freud schlecht ertrug, wenn sein Status als Ältester bedroht war. Erst in jüngster Zeit wurde entdeckt, dass Sigmund Freud einen Bruder hatte, Julius, der kurz nach Freud geboren wurde und mit einem halben Jahr starb (Maciejewski, 2006). Sigmund Freud hat den Tod seines ihm nächstgeborenen Bruders, der geboren wurde, als Freud 17 Monate alt war, praktisch nie thematisiert, es gibt nirgends in seinen Schriften und Briefen Hinweise auf Julius.

Was ist so beunruhigend und so belastend an Geschwisterbeziehungen, dass Spaltung und Verleugnung notwendig werden? Aus einer vertikalen Beziehungsebene betrachtet, zeigt die Geburt von Geschwistern, dass die Eltern auch noch andere Bedürfnisse und Interessen haben, als sich um ihr Kind zu kümmern. Geschwister zerstören also, so Wellendorf (1995), die »Illusion der Heiligen Familie von Vater, Mutter und Kind«, in der dieses eine einzigartige Position besitzt.

Wie Franz Wellendorf (ebd.) nachweist, ist die Geschichte der Psychoanalyse von Anfang an eine Geschichte der heftigen und unerbittlichen Geschwisterkämpfe. Sigmund Freud hat im Rückblick auf die ersten Jahre der »Mittwochsgesellschaft«, der ersten psychoanalytischen »Bruderhorde«, ernüchtert festgestellt, dass es ihm nicht gelungen sei, Prioritätsschwierigkeiten – also Neid und Eifersucht unter den psychoanalytischen Brüdern – zu vermeiden. Sándor Ferenczi hatte 1908 durch seine programmatische Schrift *Zur Organisation der psychoanalytischen Bewegung* eigensüchtige Strebungen verhindert und zur Kontrolle von »kindlicher Empfindlichkeit und Rachsucht [...] unter den jüngeren und älteren Geschwistern« aufgerufen. In den 1920er-Jahren kam es im geheimen »Komitee« zu heftigen Eifersüchteleien und Kämpfen zwischen den Freudianern Jones, Abraham und Eitingon auf der einen und Rank und Ferenczi auf der anderen Seite vordergründig ausgelöst durch das 1924 erschienene Buch von Otto Rank *Das Trauma der Geburt*. In Jones Freud-Biografie lässt sich eindrucksvoll lesen, dass der Bruderkampf ein Vernichtungskampf ist, bei dem Ernest Jones am Ende mit Karl Abraham den Sieg davonträgt. Der Hass auf den Vater wurde dabei relativ unverhüllt von Ferenczi geäußert und als Waffe gegen die »Brüder« gewandt.

Was Alfred Adler angeht, so wurde dessen Bedeutung der »Organminderwertigkeit« zunächst von Sigmund Freud akzeptiert, später aber Adlers Anspruch einer Erklärung dieser Organminderwertigkeit als Ursache von Neurosen abgelehnt (Bergmann, 1997). Adler gehörte im Herbst 1902 zu den Gründungsmitgliedern des ersten Schülerkreises um Sigmund Freud, also der Mittwochsgesellschaft«. 1910 wurde er zum Obmann der daraus hervorgegangenen »Wiener Psychoanalytischen Vereinigung« gewählt. Ein Jahr später kam es zum Bruch mit Sigmund Freud.

Auch in der Auseinandersetzung mit Carl Gustav Jung spielte Neid eine wichtige Rolle, zumindest von Jungs Seite aus, der sich inferior gegenüber Sigmund Freud fühlte, der alles hatte – »a feeling of inferiority overcomes me when I myself measure me against you«, zitiert Bergmann, (1997, S. 72) aus einem 1911 geschriebenen Brief von Jung an Freud. Später kritisierte Freud, dass Jung seinen Erklärungen den Status einer Religion gegeben habe. Neun Jahre lang dauerten die intensive Zusammenarbeit und die sich zuspitzenden Auseinandersetzungen zwischen Freud, Adler und anderen Mitgliedern der Gruppe. Minutiös wurde diese wechselvolle Kontroverse anhand von Protokollen, Briefen und Augenzeugenberichten in zahlreichen Publikationen nachgezeichnet.

Nur nebenbei sei erwähnt, dass Sigmund Freud sich konzeptuell kaum mit Dankbarkeit und Wiedergutmachung beschäftigt hat, Konzepte, die bei Melanie Klein im Kontext der Konzeptualisierung von Neid sehr bedeutsam wurden. Wir wissen aber aus seinen Briefen, dass er einerseits seine Prioritätsansprüche anmeldete, was auch zu den beschriebenen Spaltungen und Ausschlüssen aus der psychoanalytischen Bewegung führte, dass er aber zu Beginn die Arbeiten und Errungenschaften der anderen sehr schätzte und dankbar annahm, zum Beispiel in Bezug auf Jung: »[I]ch muß Ihnen sagen, daß ich eine Art von intellektuellem Kommunismus, bei dem man nicht ängstlich kontrolliert, was man gegeben und was man empfangen hat, für eine sehr würdige Art der Wirtschaft halte« (Freud & Jung, 1974, S. 29). Sigmund Freud erklärt auch den Umgang mit Geschenken in der Therapie sehr viel anders als Melanie Klein: als ein letztlich der analen Phase zuzuordnendes Substrat.

Geschwisterlichkeit und kollegiale Solidarität in Institutionen der Psychoanalyse waren, wie in anderen Institutionen, auch später nicht häufig. Besonders eindrucksvoll wurde dies in jüngster Zeit an der Fülle der Auseinandersetzungen zwischen den verschiedenen psychoanalytisch bzw. tiefenpsychologisch orientierten Verbänden in der Gestaltung des neuen universitären Studiengangs MA Psychotherapie (2020) und der neuen postgradualen Weiterbildung (die Musterweiterbildungsordnung, MWBO, wurde 2022 beschlossen). Dass in der Außenwahrnehmung Geschwisterkämpfe, Neid und Rivalität das Bild prägten, trifft nicht nur auf Kämpfe zwischen »Brüdern«, sondern auch auf solche zwischen »Schwestern« zu, wie ich anhand der Biografie von Melanie Klein noch zeigen werde.

Scharfe Kritik am Konzept des Penisneides

Seit den späten 1950er-Jahren und verstärkt ab 1990 finden sich in der analytischen Literatur Ausführungen über die Bedeutung der Genitalien in der Entwicklung des Selbst- und Körperbildes (More, 1997). Sigmund Freuds Auffassungen der bevorzugten Stellung des männlichen Penis im affektiven Erleben von Kindern blieb nicht unwidersprochen, von Anfang an nicht. In der Theorie des phallischen Monismus hatten sowohl Bisexualität als auch die frühe Entdeckung der Vagina bzw. Vulva keinen Platz. »Genital play« wurde schon ab dem achten Lebensmonat in entwicklungspsychologischen Untersuchungen beobachtet, gezielte Erkundung der Genitalien um den 16. Lebensmonat, mit entsprechender Wahrnehmung der Geschlechterdifferenz. Dabei wurde bemerkt, dass die Benennung der Genitalien bei Babymädchen durch die Eltern später erfolgt als bei Babyjungen. Die Sprachlosigkeit der Eltern gegenüber dem Genitale ihrer Töchter wurde mehrfach berichtet, zum Beispiel dass direkte oder indirekte Stimulierung der Genitalien bei Mädchen von den Eltern nicht affektiv beantwortet oder sogar »übersehen« wurden (Seiffge-Krenke, 2017a).

Studien, in denen Vorschulkinder in einem Puzzle ihren Körper zusammensetzten (Senet, 2004), zeigen, dass sich Jungen und Mädchen anatomisch korrekt die Geschlechtsteile zuordnen, dass sich aber immerhin ein Drittel von ihnen insgesamt, aber mehr Jungen (47 Prozent) als Mädchen (27 Prozent), auch das Genital des anderen Geschlechts im Puzzle zuordneten, was ein Hinweis auf Geschlechterneid (jeder wünschte auch das andere Geschlecht zu haben) oder ein Hinweis auf die frühe Bisexualität sein könnte. Zumindest konnte hier eindeutig widerlegt werden, dass der Penis das Körperkonzept von dreijährigen Jungen wie Mädchen dominiert, was Sigmund Freud behauptet hatte (»phallische Phase«).

Als Reaktionen auf die Wahrnehmung der Geschlechterdifferenz trat bei beiden Geschlechtern die Sorge um die Unversehrtheit der Genitalien auf, dies war bei Mädchen noch häufiger als bei Jungen. Andere Analytiker argumentieren, die von Sigmund Freud postulierte Besetzung der Klitoris und der Penisneid seien Überbesetzungen, um die Angst vor Entdeckung der Vagina zu mildern.

Sigmund Freud behauptete, dass Mädchen sich durch das Fehlen des Penis als beschädigt erleben: »homme manque«. Allerdings habe ich belegt, dass die Genitalängste von Mädchen auf der Grundlage der Struktur ihres Genitals (nicht verschlossen, nicht abgegrenzt, nicht sichtbar) bestehen und nicht auf der Grundlage eines Penismangels (Seiffge-Krenke, 2017a). Es handelt sich also weniger um einen intrapsychischen als eher um einen interpersonellen Konflikt, in den kulturelle Werte einfließen. Penisneid wurde schon recht früh nicht als der Wunsch nach dem Besitz des Penis, des männlichen Genitales, gesehen, sondern als symbolischer Ersatz für alle als beschädigt oder unzulänglich empfundenen Merkmale; Penisneid wurde zu einer Metapher des Mangels.

Das Konzept des Penisneides hat Sigmund Freud und der Psychoanalyse scharfe Kritik eingebracht, aus allen Richtungen, insbesondere aber aus den eigenen Reihen. Freuds Überzeugung, dass der Penismangel und der daraus entstehende Neid zum »gewachsenen Felsen« jeder Frau gehörten, infrage zu stellen, wurde durchaus so interpretiert, dass Frauen mit ihrem unabänderlichen Schicksal nicht zurechtkämen. Für Kandidatinnen brauchte es Mut, die Penisneid-Theorie laut und offen infrage zu stellen (Grosz-Ganzoni, 1996).

An Sigmund Freuds düsterer Version des Schicksals der weiblichen Sexualität haben sich ganz besonders Feministinnen gestoßen, die fürchteten, durch den Penisneid würde der Frau eine minderwertige Position zugewiesen, man wolle sie auf eine biologisch fundiert Unterlegenheit festnageln. Margarete Mitscherlich-Nielsen war eine der ersten Psychoanalytikerinnen, die sich dieser Diskussion anschloss. In ihrem 1975 erschienenen Aufsatz *Psychoanalyse und weibliche Sexualität* beschrieb sie die Notwendigkeit einer Revision der psychoanalytischen Theorie zur Weiblichkeit. Etwa zur gleichen Zeit nahm Janine Chasseguet-Smirgel (1979) den »phallischen Monismus« Sigmund Freuds aufs Korn. Das Interesse und die Publikationen zur weiblichen Entwicklung nahmen zu. Dabei fällt auf, dass es sich ausschließlich um Autor*innen* handelte. Man entfernte sich nun deutlich von Freuds Ansicht, Weiblichkeit werde durch die Erkenntnis eines Mangels ausgelöst. Christa Rohde-Dachser ging in ihrem Aufsatz von 1989 *Unbewusste Phantasie und Mythenbildung in psychoanalytischen Theorien über die Differenz der Geschlechter* der Frage nach, inwieweit unbewusste Fantasien generell nicht nur unseren Umgang mit Sexualität bestimmen, sondern auch in die psychoanalytische Theoriebildung über die Differenz der Geschlechter eingehen.

In den 1980er- und 1990er-Jahren prägten Margarete Mitscherlich-Nielsen, Christa Rohde-Dachser, Carol Hagemann-White, Nancy Chodorow, Jessica Benjamin, Luce Irigaray und Julia Kristeva – um nur einige Namen zu nennen – diese theoretische Auseinandersetzung. Diese Autorinnen knüpften jeweils an verschiedene psychoanalytische Schulen an. Sie entwarfen neue Weiblichkeitsbilder, erklärten die Nachhaltigkeit der traditionellen Geschlechterrollen, dachten über die Rolle von Gewalt, Zwang und Normierungen in den Geschlechterverhältnissen nach und setzten sich nicht zuletzt mit dem Frauenbild der klassischen Psychoanalyse auseinander. Heute ist nur noch selten von Feminismus die Rede, sondern zumeist von Gender Studies und der Queer Theory. Zudem finden die theoretischen Bemühungen, weiblich, männlich und seit Kurzem auch »divers« in ihrer sozialen, kulturellen und gesellschaftlichen Verfasstheit zu verstehen, inzwischen weitestgehend ohne Bezugnahme auf psychoanalytischen Theorien statt (Heenen-Wolf, 2005).

Besonders ärgerlich war für viele Analytikerinnen, dass Sigmund Freud die Affekte so ungleich verteilte: Angst beim Mann, Neid bei der Frau. Insgesamt war die Psychoanalyse an der männlichen psychosexuellen Entwicklung stärker interessiert als an der weiblichen und machte diese zum Maßstab der weiblichen Entwicklung. Heute sieht man die Bedeutung des Phallischen eher als eine Abwehr an, die sich sowohl auf Verletzungs- und Verlustängste aller Geschlechter als auch auf die Bisexualität und auf irritierende Diffusionen bezieht. Die Konzentration auf die äußeren Genitalien trägt spätestens seit Judith Kestenbergs Ausführungen (in Chasseguet-Smirgel, 1979) über die »inner genitality« den Charakter von Abwehrvorgängen, in denen innergenitale Erregungen und Sensationen durch Verleugnung und Externalisierung verarbeitet werden.

Adlers These von der Entthronung des Erstgeborenen

Alfred Adlers These von der »Entthronung« des Erstgeborenen fasst die Geburt des zweiten Kindes als Trauma und Ursache für den Neid des Erstgeborenen auf: Neid auf den unerwünschten Eindringling. Diese These wurde vor Adler sogar auch schon von Sigmund Freud vertreten und hat sich bis in die 1980er-Jahre erhalten. Ausgehend von Adlers These der Entthronung des Erstgeborenen wurden in der Folge sehr viele Untersuchungen in der Entwicklungspsychologie durchgeführt, die sich mit der Position in der Geschwisterfolge und möglichen Beeinträchtigungen in der Entwicklung der nachgeborenen Kinder beschäftigten (Pulakos, 1989; Van Volkom et al., 2011). Insgesamt fanden sich nur wenige Belege zu Adlers These; relativ einheitlich wurde aber herausgefunden, dass die Zuletztgeborenen einen deutlichen Entwicklungsvorteil haben: Das Aufwachsen mit Geschwistern führte zu besserer psychischer Gesundheit (Lawson & Mace, 2010).

Die Geschwisterposition als alleiniges Merkmal erwies sich nicht aussagekräftig genug, zu viele weitere Faktoren waren bedeutsam, etwa der Altersabstand, das Geschlecht der Kinder und die Erziehungshaltungen der Eltern. Allerdings zeigten sich Spitzen mit erhöhtem Neid in bestimmten Abschnitten der Lebensspanne und in Bezug auf das nächstgeborene Geschwister. Tatsächlich ist der Neid gegenüber Geschwistern nicht nur am höchsten in Kindheit und Jugend und weniger ausgeprägt im Erwachsenenalter, er ist auch am größten gegenüber dem jeweils nächstgeborenen Geschwister: 38 Prozent der Kinder, 52 Prozent der Jugendliche und nur 5 Prozent der Erwachsenen berichten von intensiven Neid- und Rivalitätsgefühlen gegenüber ihrem nächstjüngsten Geschwister, während er gegenüber weiteren Nachgeborenen deutlich abnimmt.

Frank Sulloway (1999) hat sich in Anlehnung an Adlers Theorie auch mit dem Einfluss der Position in der Geschwistergruppe beschäftigt. Durch verschiedene historische Beispiele belegt er sein Credo, dass Erstgeborene besonders angepasst und identifiziert mit den Eltern seien und die Jüngsten eher revolutionär, also die »Rebellen in der Familie«. Historisch fiel immer schon – bis heute – den ältesten Geschwistern die Aufgabe zu, auf die jüngeren Geschwister aufzupassen, sie mitzuversorgen. Dies ist häufig die Aufgabe der älteren Schwestern, und da blieb wenig Zeit für Rebellion (Sulloway, 1997), vielmehr besteht die Gefahr der Parentifizierung (Seiffge-Krenke, 2017a).

Strategien der Neidverarbeitung bei Anna Freud: Verleugnung und altruistische Abtretung

Zu den Erfahrungen mit Ungleichbehandlung, die Neid hervorrufen, zählen demnach Erfahrungen, die an ihre Rangposition in der Geschwisterreihe geknüpft sind. Ich habe dies an zwei historischen Beispielen verdeutlicht (Seiffge-Krenke, 2017a): Anna Freud, die jüngste der Freud'schen Kinder, aber auch Mathilde Freud, die älteste Tochter, die klagt »Wir sind doch schon so viele«, als Anna geboren wurde. Im Folgenden geht es um Anna Freud, die selbst auch einen Beitrag zur Neidverarbeitung geleistet hat.

Anna Freud war das sechste Kind von Sigmund und Martha Freud und war eigentlich nicht recht vorgesehen. Nachdem die Schwangerschaft aber deutlich wurde, hatte ihr Vater die Idee, es solle ein Junge werden, den er nach seinem damaligen Freund in Berlin, Wilhelm Fliess, Wilhelm nennen wollte. Es kam aber anders, es wurde eine Anna, benannt nach Sigmund Freuds Schwester Anna. Sophie, die zweieinhalb Jahre älter ist, ließ die kleinere Anna ständig spüren, dass sie viel hübscher sei und dass sie alles besser könne, zum Beispiel besser strickt. Sogar einen schöneren Namen hätten die Eltern der Sophie gegeben. Anna Freud dagegen fand sich unattraktiv und beklagte ihren wenig anmutigen Körper. Die aggressiv-gespannte Beziehung zu ihrer Schwester Sophie, mit der sie ein Zimmer teilte, brachte sie durch die Formulierung »mein Zimmer hat drei Wände, die vierte Wand ist Sophie« (Peters, 1979, S. 15) zum Ausdruck.

Der kleinen Anna blieb eine »Entthronung« erspart – sie war die Letzte. Aber sie hatte es nicht leicht, sich einen Platz neben den fünf Großen zu erobern, die alles schon viel besser wussten und konnten. Die Erfahrung des Ausgeschlossenseins durch die Großen, die sich mit ihr langweilten, überschattete ihre Kindheit, und dieses »ich möchte auch« hat ihr Vater sehr gut verstanden. Im Zentrum der zahlreichen Kinderbriefe von Anna Freud, die vollständig vorliegen, seit sie acht Jahre alt war, (Meyer-Palmedo, 2006) steht nicht nur ihr Werben um die Liebe des Vaters, sondern auch ihr Kampf um einen gleichberechtigten Platz in der Reihe der Geschwister. Die fehlende Aufmerksamkeit der anderen versuchte sie durch »Unartigkeit«, Kühnheit, Mut und Anderssein zu erringen; hier wird bereits die »Nischenspezialisierung« als Möglichkeit der Neidbearbeitung und -sicherung der elterlichen

Aufmerksamkeit und Zuwendung deutlich. Es ging ihr besonders darum, ein Stück der väterlichen Zuwendung und Aufmerksamkeit zu bekommen, so wie die beneideten älteren Brüder.

Die offenkundige Bevorzugung der hübschen Sophie durch die Mutter führte dazu, dass Anna einen regelrechten Groll gegen ihre Mutter entwickelte (Young-Brühl, 1989). Später wird sie bekennen, dass das offenkundige Desinteresse ihrer Mutter an ihr sehr schwer für sie auszuhalten war (Salber, 2006).

Anna Freud war, was ihre eigenen Gefühle angeht, später als erwachsene Frau äußerst zurückhaltend. Das wird auch einheitlich von den Mitarbeiterinnen in den Kriegskinderheimen geschildert (Ludwig-Körner, 2023). So ist es bemerkenswert, dass sie später, in ihren Briefen als erwachsene Frau, zum Ausdruck brachte, dass sie nun, nachdem alle Kinder das Haus verlassen hatten, endlich die »Einzige« für ihre Eltern sei. Einen ebenso unverhohlenen Wunsch, der mit einem Neidthema zu tun hatte, äußerte sie am Ende ihres Lebens, als sie körperlich schon sehr beeinträchtigt und nach einem Schlaganfall bettlägerig war. Das »Ich brauche Sie mehr!« wagte sie angesichts einer Reise von Manna Friedman, einer ihrer engsten Mitarbeiterinnen, zu deren Bruder in die USA: »Ich bin nicht einverstanden, dass Ihr Bruder Sie beansprucht, ich bin kränker als er«, sagte sie mit der Heftigkeit eines kleinen Kindes, das keinen Rivalen für die Zuwendung duldete (Ludwig-Körner, 2023, S. 208).

Anna Freud hatte, nach den frühen offenen Neidäußerungen als Kind, sehr schnell gelernt, dass das Verbergen von Neidgefühlen und deren Abwehr ihr Anerkennung brachte. Sie, deren klassisches Werk *Das Ich und die Abwehrmechanismen* 1936 erschien, ist selbst ein Paradebeispiel für den Abwehrmechanismus der »altruistischen Abtretung«: Sie, die Unverheiratete, stickte die Hochzeitsdecke für ihre Schwester. Ihr Vater kommentierte die starken Rückenschmerzen, die Anna beim Sticken der (nicht fertiggewordenen) Hochzeitsdecke für Sophie hat, treffend mit »Mir war es nicht zweifelhaft, dass Du die Rückenschmerzen direkt beim Sticken bekommen hast, wie Du das Hochzeitsgeschenk für Sophie mit geteilten Gefühlen fertig machen wolltest« (S. Freud & A. Freud, 2006, S. 98).

Die Teilnahme an der Befriedigung anderer, die Identifizierung mit der »Braut«, die Hintanstellung eigener Bedürfnisse und einer eigenen Karriere sowie der Verzicht zugunsten des anderen sind wesentliche Merkmale des Neids, allerdings zeigt sich – wie bei Anna Freud –, dass das Abgewehrte sich dann doch bahnbricht, etwa in Form von Körpersymptomen.

Insgesamt sind die im Umkreis von Sigmund Freud entwickelten Konzepte zum Neid weniger einflussreich gewesen und haben weniger Neuerungen (theoretisch und klinisch gesehen) angestoßen als die durchaus immer noch umstrittene Theorie von Melanie Klein zur Entstehung und zu den Folgen von Neid.

Die Neidkonzeption von Melanie Klein: »Envy and Gratitude«

Melanie Klein hat über das Neidthema schon ganz früh – ab 1929 – und bis 1955 publiziert, aber sie hat sich erst gegen Ende ihres Lebens, 1957, mit Neid und Dankbarkeit systematisch befasst, da war sie bereits 75 Jahre alt. Das Neidkonzept entstand in der dritten Phase ihres theoretischen Schaffens, in der sie gleichzeitig ihre berühmte Arbeit über die paranoid-schizoide Position schrieb.

Wichtige »essentials« von »Envy und Gratitude«

Die Konzeption ihrer Schrift zu *Neid und Dankbarkeit* (1957) beruht auf den Erfahrungen in Analysen mit mehreren besonders schwierigen Patienten, darunter mit dem zehnjährigen Richard. Sie beobachtete im Rahmen dieser Behandlung, dass Neid das Hauptmotiv für die negative therapeutische Reaktion war, in der der Patient dem Therapeuten den Erfolg missgönnt und selbst nicht von der Behandlung profitieren kann. Richard hatte sie, wann immer er etwas als hilfreich im analytischen Prozess erlebte, kurz darauf angegriffen. Das Gute in der Behandlung konnte also nicht aufgenommen werden (Bott-Spilius, 1993). Melanie Klein (1957, S. 181) definiert Neid folgendermaßen: »[E]nvy is the angry feeling that another person possesses and enjoys something desirable […], the envious impulse is to take it away or spoil it […]. Envy goes back to the earliest exclusive relation with the mother.«

Die Fantasie, die Mutter mit all ihrem guten Innenleben zu zerstören und sich dabei ihrer »Schätze« zu bemächtigen, ist die Quelle von Angst (vor Vergeltung durch die angegriffene Mutter) und Schuldgefühlen (gegenüber der »zerstörten« Mutter). Letztendlich führt die in der Folge von Neid angerichtete Zerstörung zu einem Impuls, dies wieder gutzumachen, die zerstörte Mutter wiederherzustellen.

Melanie Klein differenzierte konzeptuell zwischen Neid, Gier und Eifersucht. Sie beschreibt 1957, dass *Neid* auf dem Gefühl beruht, etwas nicht zu bekommen – er hat also eine orale Qualität und ist auf eine Zwei-Personen-Beziehung beschränkt. Die Basis für *Rivalität* dagegen ist Liebe; sie trachtet nach dem Besitz des geliebten Objekts und nach Verdrängung des Rivalen. Im Gegensatz zum Neid setzt also Rivalität eine triadische Beziehung voraus und macht das Erringen des geliebten Objekts zum Thema. Dann wäre *Eifersucht* auf die Beziehung, die die Eltern zueinander haben, ein frühes korrektes Beispiel. *Gier* wiederum strebt danach, ohne Rücksicht auf die Folgen alles zu besitzen, was sich an Gutem aus dem Objekt herausholen lässt. Das kann dazu führen, dass das Objekt zerstört und all sein Gutes verdorben wird, doch die Zerstörung ist dem skrupellos Habenwollenden gleichgültig. Gier ist noch deutlich aggressiver: Man möchte verschlingen, sich auffüllen. Gier lässt auf einen schon lange bestehenden Mangel schließen. Melanie Klein hat sich selbst als eine Person bezeichnet, die ein Gier-Problem habe (Kristeva, 2001).

In der theoretischen Konzeption von Melanie Klein ist die negative Sicht auf den Neid und seine Verarbeitung, das Verderbenwollen bestimmend: Neid ist der oral-sadistische bzw. anal-sadistische Ausdruck zerstörerischer Impulse und damit letztendlich Ausdruck des Todestriebes im Sinne Sigmund Freuds. In Kleins Werken kann man eine Differenzierung zwischen einem frühen Neid und späteren Neidentwicklungen bemerken (Feldman & de Paola, 1994). Während die erste Neidform direkt auf die Brust der Mutter gerichtet war, geht es später um den Neid auf den Penis, den sich die Mutter – aus der Sicht des Kindes – einverleibt hat. Für Klein ist die Entwicklung von Neid zu Eifersucht eine Weiterentwicklung einer präödipalen zu einer ödipalen Ebene, von einer Zwei-Personen- zu einer Drei-Personen-Beziehung, es handelt sich also um einen Reifeschritt (Burke, 2000). Desgleichen entwickelt sich das Baby aus einem Stadium der Omnipotenz weiter zu einem Stadium, in dem es realisieren muss, dass es Personen außerhalb seiner selbst gibt, die eine Beziehung zueinander haben, aus der es ausgeschlossen ist. Eliahu Feldman und Heitor de Paola (1994) unterstreichen, dass es nicht um die reale Mutter geht, die alles hat, sondern um die idealisierte Mutter.

Bei der Geschwisterthematik, obwohl oft von Geschwister*rivalität* gesprochen wird, geht es in erster Linie um Neid und Gier, das hat Melanie Klein deutlich gemacht (Segal, 1974): Neid ereignet sich in Bezug auf das, was eine andere Person (vermeintlich) mehr hat und was man ihr wegnehmen oder verderben möchte. Der erste Neid entsteht nach Klein auf die Brust, gekoppelt mit dem Wunsch, diese zu verderben, und gilt nach Klein als Prototyp für alle späteren Neiderlebnisse. Obwohl wir heute mit Daniel Stern (1992; 1998) den interaktionellen Bezug viel deutlicher sehen, als das Klein damals wahrnahm, und obwohl wir das Wirken der frühen Fantasien zu diesem Zeitpunkt infrage stellen, ist die grundsätzliche Idee sehr schlüssig, dass Neid aus einer körperlichen oder psychischen Mangelsituation entsteht, und dass man das, was der andere mehr hat, ihm dann verderben möchte, ihm »in die Suppe spucken« möchte. Neid entsteht also durch einen Vergleich, der zu dem Mangelerleben führt, und ist auf eine dyadische Beziehung beschränkt.

Entscheidend sind nun, dass Neid zu Angriffen auf das Gute im Objekt führt – das erste Neidobjekt ist, wie erwähnt, die mütterliche Brust als Prototyp für Güte und Großzügigkeit –, und dass der Neid auf Zerstörung dieses Objekts abzielt. Das Kind fokussiert zunächst auf die Brust, spätere Versuche der Inkorporation bzw. Zerstörung hingegen zielen auf den gesamten Körper der Mutter. Die Mutter, genauer der Körper der Mutter, ist der Prototyp aller guten Dinge; die Mutter hat alles, was das Baby wünscht und braucht. Klein hebt besonders hervor, dass der exzessive Neid in dieser frühen Phase, der sehr zerstörerisch ist, den Aufbau eines guten inneren Objektes verhindert, und dass er zugleich die Fähigkeit, zu wachsen, zu lernen, zu gewinnen, massiv behindert. Dass Angriffe auf das Gute im Objekt besonders Schuldgefühle hervorrufen, hat Melanie Klein ebenfalls herausgearbeitet. Es ist nicht problematisch, das Böse im Objekt anzugreifen, aber das Gute im Objekt anzugreifen und zu vernichten, das macht extreme Schuldgefühle.

Was in der Fantasie zerstört wurde, muss auch in der Fantasie wieder aufgebaut werden: Dieser mentale Prozess wird von Klein als »Reparation«, Wiedergutmachung, bezeichnet. Nur durch die Fähigkeit des Kindes, zurückzugeben, was es bekommen hat, oder – in der Fantasie – wieder aufzubauen, was es zerstört hat, kann das Kind sein inneres Objekt erhalten, neue Objekte integrieren und sich normal entwickeln. Es entstehen aber in dieser Phase neue Ängste, so Klein: Das Kind hat Angst, dass es nicht genug zu geben hat, dass es mehr geben soll, als es besitzt, und hat das Gefühlt, dass es niemals alles zurückgeben bzw. reparieren kann, was es zerstört hat.

Das Bedürfnis nach *Wiedergutmachung* ist nach Klein die Basis für Empathie, für Kreativität, für die Entwicklung sozialen Verhaltens. Von einem ausreichend guten inneren Objekt ausgehend hat das Kind die Fähigkeit, selbst etwas Gutes an andere abzugeben. Das Problem ist allerdings, dass der Neid das Gute im Objekt zerstört, sodass exzessiver Neid verhindert, dass ein gutes Objekt aufgebaut wird, mit entsprechenden Konsequenzen für die Fähigkeit zur Wiedergutmachung.

Zentral für Kleins Aussagen war die angemessene Versorgung durch die Mutter: Das Gute kann dann besser angenommen und internalisiert werden. Die Befriedigung bedeutet letztendlich, das Geschenk durch die Mutter annehmen oder in der Behandlung profitieren können. Entscheidend ist dann weiter, dass in der depressiven Position schließlich die guten und die bösen Teilobjektbeziehungen integriert werden, das Objekt als Ganzes balanciert gesehen werden kann.

Melanie Klein hat dem Aspekt der Dankbarkeit insgesamt weniger Aufmerksamkeit geschenkt als dem Neid. In Bezug auf die Dankbarkeit schildert sie die Patientin mit den »Petits Fours«; eine Patientin, die den Traum hat, dass ihre Mutter sich als Erste an den kleinen Kuchen bedient, dass die Patientin sich dann aber auch von den Petits Fours (»petit fru« = kleine Frau, Frau Klein) nimmt. Melanie Klein interpretiert das so, dass die Patientin auch das Gute in der Therapie behalten oder sich holen konnte.

Melanie Klein bezieht Dankbarkeit auf die frühesten kindlichen Erfahrungen beim Stillen. Gerade die Leichtigkeit, mit der die Milch fließt, ist nach Klein für das Erleben von Neid verantwortlich, denn da ist jemand, der mehr hat, und der eigene Mangel ist nur allzu deutlich. Wie sie beschrieben hat, führt die Inkorporation des guten Objekts dazu, dass man selbst freigiebig wird. Wenn man die Erfahrung einer Gratifikation durch die Brust, also eine zufriedene Stillerfahrung, gemacht hat, ist das die Voraussetzung dafür, dass man Reparationen vornehmen kann. Hier kommt die fatale, zerstörerische Funktion des frühen Neides ins Spiel: Der Neid zerstört das Gute im Objekt. Insofern ist Dankbarkeit, dass das Objekt die wütenden Angriffe überlebt hat und weiterhin zur Verfügung steht, ein Entwicklungsgewinn.

Die Bedeutung der frühen Kinderanalysen für die Entwicklung des Neidkonzepts

Ganz generell war Melanie Klein überrascht von der Unmittelbarkeit der destruktiven Impulse bei Kindern, die sie behandelte (Rusbridger, 2004). Es existieren drei dokumentierte Kinderbehandlungen mit umfangreichen analytischen Stunden. Im Behandlungsprotokoll von *Grete* geht es um den oralen Neid, den die kleine Patientin /auf den oral fantasierten Coitus der Eltern hat. Ein weiteres Behandlungsprotokoll ist das von *Inge*. In dieser prophylaktischen Analyse ging es darum, dass Neid in der Behandlung vorkam, und zwar in Form von Angst – als Symptom einer Schreibhemmung –: Wenn sie etwas schreiben würde, würden es ihr andere wegnehmen. Der Neid der anderen führt zum Raub dessen, was man hat und kann. In dem letzten Protokoll von *Grete*, in dem es um die Spaltung zwischen den guten und bösen Anteilen ging, beschreibt Klein, dass Grete zwischen den guten Geräuschen außerhalb der Wohnung und den bösen Geräuschen im Nebenzimmer (Coitus der Eltern) unterscheidet.

Die Analyse von *Erna*, einem sechsjährigen Mädchen, fand in Berlin zwischen 1924 und 1926 statt und umfasste zweieinhalb Jahre bzw. 575 Stunden, wurde also fünfstündig in der neu entwickelten Spieltechnik durchgeführt. Sie ist das wichtigste klinische Dokument für Hass, Eifersucht und insbesondere Neid. Auch die oralen Prozesse der Introjektion und Projektion wurden bei Erna besonders deutlich.

Erna floh mit 21 Jahren vor den Nazis aus Deutschland und ging nach Chile, wo sie nach mehreren erfolglosen Versuchen, eine weitere Analyse zu machen, unter ungeklärten Umständen starb; drei Tage später suizidierte sich ihr Ehemann (De Bianchedi et al., 2003). In diesem Zusammenhang ist es wichtig zu wissen, dass durch den Exodus deutschsprachiger Analytiker nach Chile Kleins Ideen dort eine große Verbreitung fanden (Etchegoyen & Zysman, 2005), während man Kleins Ideen in Europa, insbesondere in Deutschland, kritisch gegenüberstand. Ihr Beitrag wurde lange Zeit vor der Rezeption in Deutschland zunächst in England anerkannt (Frank & Weiß, 1996), und dazu trug wesentlich die Rezeption der Fallberichte über Erna bei, insbesondere die Thesen über oralen Sadismus und dass Neid das Gute im Objekt verdirbt.

Es war Ernas ungestüme und offene Äußerung von Neid, die Klein auffiel und die ihr der »missing link« zwischen dem oralen Sadismus und der Mutterbrust schien. Da für Klein Neid etwas Orales war, glaubte sie, dass sich die Fantasien der Kinder auf einen oralen Austausch im Coitius bezogen. Tatsächlich hatte Erna auf mehreren Urlauben im Schlafzimmer der Eltern den Coitus beobachtet bzw. Geräusche gehört. Klein glaubte, das Erna fantasierte, dass die Mutter den Penis und Samen des Vaters aufnimmt, während der Vater wiederum die Brust der Mutter und deren Milch inkorporiert. Das ist nach Klein die Basis von Hass und Neid: Die Eltern beglücken einander sexuell und oral, das Kind ist ausgeschlossen. Man muss allerdings sagen, dass der Neidaffekt von Klein lediglich erschlossen wurde – wie auch seine angeblichen Ursprünge –, sichtbar und erfahrbar für Klein waren lediglich feindselige Gefühle und Attacken des Kindes in der Spieltherapie. Anders als bei Sigmund Freud steht hier weniger der beneidete Vater als vielmehr die beneidete Mutter im Vordergrund der angeblichen Fantasien des Kindes: Es ist die mächtige Mutter, die alles hat (die Milch, den Penis des Vaters) und darum beneidet wird.

Das Neidkonzept im Licht der Konzeption der frühen Objektbeziehungen

Melanie Klein hat das Neidkonzept in den Kontext der frühen Mutter-Kind-Beziehung gestellt und das Abstillen (»weaning«) als den entscheidenden Faktor für das Erleben der depressiven Position beschrieben: Das Baby betrauert den Verlust der Brust, die symbolisch für alles Gute in der Mutter steht; Liebe, Fürsorge, Sicherheit.

Nach Klein (1946) sind die frühen Objektbeziehungen Teilobjektbeziehungen. Spaltung, Projektion und Introjektion sind als frühe Ordnungsgebungen vorherrschend. Unabhängig davon, wie erfolgreich die sukzessive Einverleibung positiver Erfahrungen ist, die ein inneres gutes Objekt formen, wird das Baby unausweichlich auch mit Frustration und Wut konfrontiert. Nach der Vorstellung von Klein ist die innere Repräsentation der bösen Brust der Prototyp aller schlechten und destruktiven Objekte, und diese aggressiven Impulse werden in der Fantasie auf das gute innere Objekt gerichtet, das ausgeraubt, zerstört, beschmutzt, mit Fäkalien und Urin verunreinigt wird. Das Baby fürchtet, so Klein, dass die böse Brust die oral-sadistischen Attacken vergelten und nun ihrerseits das Kind zerstören will, und fühlt sich daher von der bösen Brust verfolgt (paranoid-schizoide Position). Erst im nächsten Entwicklungsschritt (depressive Position) kann das Kind die beiden Teilobjekte zu einem Ganzen integrieren, die Spaltung in zwei Teilobjekte überwinden und ein ganzes Objekt wahrnehmen. Es entstehen frühe Schuldgefühle darüber, es hätte durch seine aggressiven Attacken die gute Brust zerstört.

Frühe Mechanismen der Objektbeziehungen sind also Spaltung und Projektion. Während der frühen paranoid-schizoiden Position ist demnach aus der Sicht von Klein die Spaltung des Objektes in ein gutes und ein schlechtes Teilobjekt charakteristisch; während der depressiven Position erkennt das Kind, dass beide Objekte zu einer Person gehören. Diese Erkenntnis bringt Schuldgefühle mit sich und insbesondere die Angst, es hätte durch seinen Hass und seine Angriffe das Gute im Objekt zerstört. Die Hauptangst dieser Position ist also die Angst, dass das Objekt die eigenen aggressiven Attacken nicht überlebt hat.

Klein führt den Begriff der projektiven Identifizierung im Zusammenhang mit den Angriffen des Babys auf die Brust und den als Ausdehnung der Brust erlebten mütterlichen Körper ein. Diese Angriffe folgen zwei Hauptlinien: Aussaugen und Ausrauben seiner guten Inhalte und Ausscheiden gefährlicher Elemente in den mütterlichen Körper. Es geht also um die Entleerung unerträglicher Selbstanteile in die Mutter. Diese Mechanismen beschreiben zugleich den Vorgang der projektiven Identifikation, wie ihn Kernberg (1975) aufgegriffen und erläutert hat: Projektion unakzeptabler Selbstanteile *auf* ein Objekt *(onto)* reicht nicht aus, sondern es wird zusätzlich etwas *in* das Objekt hineingetan *(into)*, dass das Objekt als zu sich selbst gehörig erlebt. Es wird versucht, diese in das Objekt hineinprojizierten Selbstanteile zu kontrollieren (Seiffge-Krenke, 2017b).

Klein versteht sich als direkte Nachfolgerin von Sigmund Freud – diesen Platz machte sie seiner Tochter Anna streitig –, unter anderem deshalb, weil sie den Ödipuskomplex weiterhin als zentral ansieht und ihn zeitlich vorverlagert in das erste Lebensjahr bzw. in die ersten sechs Lebensmonate (Klein, 1945). Sie macht den Hass und den Neid des Kindes auf die sexuelle Beziehung der Eltern sehr viel deutlicher als Sigmund Freud und beschreibt, dass das Kind in seiner Fantasie sich des Penis in der Mutter bemächtigen, sie berauben möchte (Rusbridger, 2004). Klein glaubt, dass Kinder sexuelle Gefühle seit Beginn ihres Lebens haben, ebenso wie sie den Neid für eine angeborene Emotion hält.

Die frühen Spaltungsprozesse (in absolut gut und absolut böse) geben dem Kind eine erste Orientierung und können nach und nach differenziert und integriert werden. Für Melanie Klein gehört es zu den frühesten Impulsen und Fantasien des Kleinkindes, in den Bauch der Mutter einzudringen, um zu wissen, wo die Babys herkommen. Sie hält die Mordwünsche gegen das noch ungeborene Baby (Geschwister) für eine Verschiebung der Mordwünsche gegen den phallustragenden Vater. Folgen wir Melanie Kleins Vorstellung, der erste Neid des Kindes sei ein Neid auf die Mutterbrust, so können wir die Geschwistermordfantasie als eine Verschiebung des Neides weg von der Mutterbrust ansehen, meint Felix de Mendelsohn (2015).

Neid als dominantes Thema in Melanie Kleins Leben

Es lässt sich ein deutlicher biografischer Bezug herstellen zur Bedeutung von Neid und Dankbarkeit in Kleins Theorie und in ihrem Leben. Selbstverständlich kann man nicht alles aus der Biografie ableiten. Es ist beispielsweise bekannt, dass die Biografie von Phyllis Grosskurth (1986) über Melanie Klein tendenziös ist, weil sie sich teilweise auf Aussagen von Marianne Horney bezieht, die die Tochter von Melanie Klein, Melitta Schmiedeberg, in Analyse hatte. Aber auch die Biografie von Julia Kristeva (2008) belegt zahlreiche Vorfälle, die für Neid als dominantes Thema im Leben von Melanie Klein sprechen.

Der Vater von Melanie Klein, Moritz Reitzes, stammte aus einer streng orthodoxen Familie in Lemberg und heiratete die 24 Jahre jüngere Libussa Deutsch, eine schwarzhaarige Schönheit. Melanie Klein ist, wie Anna Freud, jüngstes Kind. Ihr Kummer war, dass der Vater die erstgeborene Tochter Emilie deutlich vorzog, die Mutter den schwächlichen Bruder Immanuel und die danach geborene Tochter Sidonie und sich erst nach deren Tod – Melanie war vier, als Sidonie mit acht Jahren starb – stärker mit Melanie beschäftigte.

Ihr Bruder Immanuel, der für sie sehr wichtig war, starb im Alter von 25 Jahren. Melanie Klein heiratete drei Monate später und wiederum neun Monate später wurde ihr erstes Kind geboren. Ihr drittes Kind, die letzte Schwangerschaft mit Erich Klein, war von der Krankheit ihrer Mutter Libussa überschattet, die vier Monate später starb. Die Ehe war sehr unglücklich, und es gibt Belege für eine zunehmende Depression bei Melanie Klein. Während dieser Zeiten versorgte Libussa den Haushalt und die Kinder und machte sehr deutlich, dass sie Melanie für unfähig hielt.

Nach der Geburt des jüngsten Sohnes begab sich Melanie Klein in Analyse bei Sándor Ferenczi, später zu Karl Abraham, dem sie die Entdeckung der »bösen Mutter« verdankt (May, 2001). Ferenczi ermutigte sie, Kinder zu behandeln. Nach ihrer Scheidung zog Melanie Klein nach Berlin, wo sie praktisch jedes Jahr eine andere Wohnung bezog, und blieb dort sechs Jahre. Als ihre Ideen in Berlin zunehmend auf Widerstand stießen, folgte sie einer Einladung nach London. Hier entwickelte sie rasch eine intensive Beschäftigung mit der inneren Welt von Babys. Frühere Lehranalysanden (Bion) und Supervisanden (Winnicott) entwickelten ihre Theorien weiter, aber die Spaltungen waren unübersehbar, besonders nach dem Eintreffen der Freud-Familie 1939 in London und führten unter anderem zu dem »war between the ladies«.

Als sie selbst Analytikerin geworden war, analysierte sie ihre beiden Söhne Erich und Hans, über die sie auch publizierte. Dieses kombinierte mütterliche und analytische Objekt war aus der

Sicht von vielen Zeitgenossen, zum Beispiel aus der Sicht Winnicotts, unmöglich.

In der Autobiografie, die Melanie Klein selbst am Ende ihres Lebens geschrieben hat, kommt sehr viel Idealisierung in Bezug auf ihre Mutter vor. Berman (2006) beschrieb Libussa allerdings als dominante, aufdringliche und unterdrückende Mutter und erklärt die Idealisierung und Kleins Beschreibung von Libussa in leuchtenden Farben als einen Abwehrvorgang. Einige Autoren lesen das als Abwehr von Neid auf diese schöne und mächtige Mutter. Insgesamt herrschte ein Familienklima, in dem Neid und Geschwisterrivalitäten an der Tagesordnung sind. Jedes Kind achtete sehr streng darauf, dass die Mutter keinem Kind mehr gab als dem anderen. Auch der Neid auf die Mutter ist sehr deutlich.

Über die Beziehung zwischen Melanie Klein und ihrer Tochter Melitta Schmiedeberg ist viel geschrieben worden. Melitta war sehr begabt, nahm schon mit 15 Jahren an analytischen Kongressen teil, studierte Medizin, wurde später selbst Analytikerin. Sie trennte sich in Aufsehen erregender Weise von ihrer Mutter, trat aus der Analytischen Vereinigung aus und immigrierte in die USA. Melanie Klein sprach immer in herablassender Weise von ihrer begabten Tochter. Der Film mit Erika Pluhar (*Mrs. Klein*, 1995) brachte einem großen Publikum die Konflikte zwischen Mutter und Tochter sowie der symbolischen Tochter, Paula Heimann, näher, beginnend in der Nacht, in der es um den Tod des zweitgeborenen Sohnes Hans geht, der in der Hohen Tatra verunglückte. Es geht um einen Brief, in dem Melitta ihre Mutter beschuldigt, an dem mutmaßlichen Suizid von Hans schuldig zu sein. Obwohl sie zu dem Zeitpunkt in London weilte, nahm Melitta später nicht am Begräbnis ihrer Mutter teil und kehrte erst nach deren Tod nach London zurück; sie ist dort auch gestorben.

Bei der Beschäftigung mit der Biografie von Melanie Klein wird deutlich, dass es sehr viel um Spaltungen, Abwertungen, zerstörerische Aggressionen und um Neid geht. Das wird auch offenkundig in den Beziehungen zu der Ersatztochter Paula Heimann, zu der sehr große Nähe entstanden ist. Noch am Vorabend ihres Analysenbeginns führt Paula Heimann den gesamten Umzug von Melanie Klein durch. Sie machte eine sehr lange Analyse, 1935 bis 1953, wenn auch mit Unterbrechungen. Zum Bruch kam es 1953, und zwar, wie Paula Heimann meinte, aus Brustneid, wie

Melanie Klein allerdings meinte, aus Ablehnung des Konzepts der Gegenübertragung. Sie forderte Paula Heimann auf, aus der Stiftung auszutreten, was Paula dann auch tat. Diese Veränderungen hatten sich schon angekündigt, und Paula sagte irgendwann entrüstet zu ihr: »Glauben Sie denn, es ist ein so großes Vergnügen für mich, mein ganzes Leben in ihrem Schatten zu stehen?« Sie war um die fünfzig und hatte sehr große Wut, dass sie sich so lange hatte ausnutzen lassen. Später wird Hanna Segal die Kronprinzessin und bleibt Melanie Klein treu.

Man muss allerdings sagen, dass nur wenige Frauen zu Lebzeiten und danach so viel ausgesuchte Bosheit ertragen mussten wie Melanie Klein. Selbst die Kleinianer haben sie als »unsere Walküre« betitelt. Andere Autoren beschreiben den beherrschenden Einfluss, den sie auf die ganze Gruppe ausübte, ihre geradezu hypnotischen Fähigkeiten, die Gruppe zu beeinflussen. Donald W Winnicott nannte sie eine »Heureka-Schreierin«, weil sie so von sich überzeugt war. Und Ernest Jones äußerte irgendwann etwas süffisant: »Ich bin schon der Meinung, dass Melanie Klein wichtige Beiträge geleistet hat, welche davon neu sind, das ist die Frage.« (Grosskurt, 1993, S. 224).

Prozesse der Spaltung und Projektion lassen sich in ihrem gesamten beruflichen Lebensweg aufzeigen. Schon in Berlin gab es wachsende Feindseligkeiten wegen Kleins dominanten und beherrschenden Wesens. Sie war kaum in London angekommen, da gab es erste kritische Kommentare im Protokoll der »Britischen Analytischen Gesellschaft«. Als die Freuds ankamen, zog sie aufs Land. Die »controversial«-Diskussionen zwischen Anna Freud und Melanie Klein, die offiziell von 1942 bis 1944 dauerten, hielten insgesamt neun lange Jahre an und wurden in einer Stärke geführt und in einer Hysterie, dass ein Teilnehmer schrieb: »Es ist schwer zu begreifen, dass hochintelligente gebildete Menschen der Hysterie verfallen konnten, die diese Jahre in der britischen Vereinigung herrschte Sie zeigen massive Wut, Neid und Konkurrenzgehabe.« (Grosskurth, 1993, S. 455). Ausbildungskandidaten berichteten, dass »beide Frauen in verschiedenen Reihen saßen bei den Sitzungen, mit menschlichen Barrikaden um sich« (Grosskurth, 1993, S. 515). Im Jahr 1947 gab es dann ein »lady's agreement«; man einigte sich auf parallele Kurse: den A-Kurs hielten Melanie Klein und ihre Anhänger, den B-Kurs Anna Freud. Es gab allerdings auch, darauf werde ich noch zurückkommen, eine Gruppe von Unabhängigen.

Erst in jüngster Zeit ist aufgearbeitet worden, welche wissenschaftlichen und institutionellen Konsequenzen die Auseinandersetzungen zwischen Anna Freud und Melanie Klein implizierten (King & Steiner, 2000). Phyllis Grosskurth (1993, S. 421) spricht von einem regelrechten »Krieg der Frauen«. Die Männer waren entweder schwach oder im Krieg, und es ging um die Verteilung von Ressourcen, ein Aspekt, der für die Generierung von Neid bedeutsam ist. Es waren relativ viele jüdische Analytiker nach London immigriert, ein erheblicher Teil der Patienten und Ausbildungskandidaten waren im Krieg, also ging es auch darum, wer diese wenigen Ausbildungskandidaten und Patienten bekam. Aber auch weitere Faktoren waren an einer Verschärfung dieses Konflikts beteiligt, etwa dass beide Frauen jüngste Kinder waren mit den bereits geschilderten biografischen Ähnlichkeiten des Sich-zurückgesetzt-Fühlens, ferner die Verschärfung der politischen Situation nach 1939 (beide Frauen waren Emigrantinnen, aber Klein war schon sehr viel früher nach England gekommen als Anna Freud). Auch das »Erbe des Vaters« spielte sicher eine große Rolle. Wie James Strachey in einem Brief an Edward Glover schreibt, hat:

> »Mrs. K. hat wenige höchst wichtige Beiträge zur Psychoanalyse geleistet, doch ist es absurd zu behaupten, [...] dass sie das ganze Thema erschöpfend behandelt hat. [...] Andererseits halte ich es für ebenso lächerlich, wenn Mrs. F. meint, die Psychoanalyse sei das private Jagdrevier der Familie Freud [...]« (zitiert nach King & Steiner 2000, S. 73).

Im Zuge einer der Sitzungen der Controversials soll John Bowlby mal sehr trocken bemerkt haben (Grosskurth, 1986, S. 513): »Wie Sie hier sehen: Anna Freud verehrt den heiligen Sigmund, und Melanie Klein verehrt die heilige Melanie.«

Neid auf Frauen ist sehr ausgeprägt bei Melanie Klein. Ein sehr charakteristisches Beispiel ist Helene Deutsch, der sie neidete, dass sie bei Sigmund Freud in Analyse war und bei Abraham dann sogar sehr viel länger als sie selbst. Kaum verhüllt ist der Neid auf Anna Freud. Melanie Klein fand, dass sie selbst die eigentliche

Freudianerin sei, die die Konzepte von Sigmund Freud wirklich vertrete, während seine Tochter einen eher pädagogischen Ansatz verfolge (Klein, 1945).

Es spielte eine große Rolle in diesen Kontroversen, dass Melanie Klein und Anna Freud verschiedene Ansichten über die Behandlung von Kindern hatten (Klein, 1955, 2006). Die Kontroversen bezogen sich darauf, dass es unklar war, inwieweit unbewusste Fantasien eine Rolle spielen. Kritisch waren des Weiteren die Frage der Analysierbarkeit von so kleinen Kindern, wie sie beispielsweise Melanie Klein analysierte, die Frage der Übertragung bei Kindern und vor allem die Benutzung von Symboldeutungen, von denen bekannt ist, dass Melanie Klein sie massiv verwendete. Der Effekt dieser Symboldeutung, etwa wenn eine Spielhemmung danach verschwunden war, überzeugte und bestärkte sie in ihrem Vorgehen. Vor dem »war between the ladies« gab es bereits in den Jahren 1927–1932 zwischen Anna Freud und Melanie Klein einen Disput über die Kinderanalyse (Aguayo, 2000), der sich darauf bezog, dass Anna Freud Kleins Behauptung kritisierte, das Kinderspiel sei eine direkte Analogie zur verbalisierten Therapie, kindliche Handlungen könnten direkt in Symbole umgesetzt werden und seien direkte Externalisierungen der Fantasie, des innerpsychischen Zustands.

Weiterentwicklungen der Kleinianer und neue Ideen der Unabhängigen

Insgesamt haben wir in der Folge von Wilfred Bion und Donald W. Winnicott Weiterentwicklungen, die sich auf drei Bereiche beziehen: die unterschiedlichen Formen des Neiderlebens, die negativen Auswirkung von unbearbeitetem Neid auf Neugier und Kreativität sowie der unterschiedliche technische Umgang mit Neid. Weitere zentrale Weiterentwicklungen betreffen die Fantasiebildungen, etwa in den Arbeiten von Hanna Segal und Winnicott. Auf die ganz wichtige Frage, was geschieht mit den negativen Affekten, hat Melanie Klein keine Antwort gegeben, aber Bion.

Weiterentwicklungen sind auch in den Arbeiten von Betty Joseph zu finden, die Neid im Alltag genauer unter die Lupe genommen hat sowie die Fähigkeit zur Integration. Sie entwickelte auch eine bessere Balance, denn es kommt sehr viel mehr Neid als Dankbarkeit in Kleins Publikationen vor – Betty Joseph stellte also das Ganze auf breitere Füße und behandelte die Konzepte ausgewogener.

Übrigens ist zu erwähnen, dass John Bowlby, Supervisand von Melanie Klein, zwar keine eigentlichen Weiterentwicklungen vorgenommen hat, aber indirekt mit den inneren Objekten im Sinne von Klein beschäftigt war. Bowlby war ein streitbarerer Mann und verstand ziemlich schnell, dass das Interesse, das er am realen Leben und an realen Verlusten hatte, Melanie Klein und den Kleinianern ziemlich fremd war, die ganz auf die inneren Objekte gesetzt hatten. Er hat allerdings in seinem Konzept der Internalisierung von Objektbeziehungen und der Aufrichtung von »inner working models« ein Konzept in der Bindungstheorie geschaffen, welches einen deutlichen Bezug zu den inneren Objekten von Melanie Klein hat.

Melanie Klein wurde, wie gesagt, erst sehr spät in Deutschland rezipiert; wesentlich haben dazu frühe Veröffentlichungen von Hanna Segal beigetragen, der das große Verdienst zukommt, die Konzepte von Melanie Klein anschaulich dargestellt zu haben. Segal wurde die »neue Tochter« von Melanie Klein und sie hat deren Ansätze nie kritisch hinterfragt – im Gegensatz etwa zu Bion, Bowlby und Winnicott. Sie hat im Übrigen einen Aspekt aufgegriffen, der in dem Konzept »Envy and Gratitude« nur am Rande vorkommt: die Symbolbildung als Mechanismus, um die Attacken auf das Objekt umzuleiten, das Objekt nicht real zu zerstören, sondern dies symbolisch zu tun. Sie wies auf die reparativen Fähigkeiten hin und arbeitete heraus, dass für die künstlerische Produktion die Wiedergutmachung, die aus der depressiven Position entsteht, entscheidend ist. Der Künstler nimmt als tiefes Gefühl der depressiven Position innerlich wahr, dass seine Welt kaputt gegangen ist, dass er möglicherweise etwas zerstört hat, und er erschafft sie in einem Gefühl der Wiedergutmachung wieder neu. Wiedergutmachung heißt auch, in gewisser Weise die eigene omnipotente Kontrolle aufzugeben.

Ganz entscheidend und wichtig für die Weiterentwicklung war Segals (1996) Unterscheidung von echten Symbolen, also dem »als ob«, und der symbolischen Gleichsetzung, in der beispielsweise ein Stock ein Gewehr ist. Diese Konzeptualisierung wurde später für die Theorie der Mentalisierung von Peter Fonagy sehr entscheidend. Symbole werden entsprechend nicht nur für die Kommunikation mit der äußeren Welt gebraucht, sondern auch für die innere Kommunikation. Verbalisieren ist eine besondere und hoch entwickelte Symbolbildung, aber die Beiträge, die Symbole für die intrapsychische Verarbeitung leisten, die sogenannten Mentalisierungen (Fonagy et al., 2002), sind sicher unschätzbar.

Wilfred Bion hat, als er bei Melanie Klein in Analyse war, sehr viele Borderlinefälle behandelt und schrieb damals sein Buch über Erfahrungen in Gruppen, das auf Deutsch 1990 erschien. Erst durch Bion, der das Konzept des Container-Containt entwickelte, wurde die Fähigkeit der Mutter einbezogen, auf die Bedürfnisse des Kindes angemessen zu reagieren. Die erste Grenze verläuft zwischen gut und schlecht, das heißt, die Spaltung ist wichtig für die mentale Strukturierung. Sind die »bad experiences« erfolgreich nach außen projiziert und (von der Mutter) »containt«, können gute Erfahrungen wieder internalisiert werden. Wenn eine Mutter unfähig zum Containing ist oder aber das Kind als Container benutzt, können bekanntlich schwere Störungen wie Schizophrenie oder Borderline-Persönlichkeitsstörungen entstehen.

Bion hat weitere interessante Aspekte herausgearbeitet, unter anderem die projektive Identifikation. In der Gruppentherapie beobachtete er massive Spaltungsprozesse und Regressionen, aber auch etwas, was er »parasitäre Beziehung« nennt: Beziehungen, in dem der eine von dem anderen abhängt, um ein Drittes zu produzieren, das alle drei dann zerstört. Es wird berichtet, dass einmal Melanie Klein weinend im Vorflur gefunden wurde, nachdem er seine Konzepte vorgestellt hat, und jemand musste sie dann trösten mit den Worten: »Aber Frau Klein, jeder weiß doch, dass seine Annahmen auf den Ihren beruhen.«

Was Melanie Kleins Werk besonders schwer akzeptierbar machte und zu heftigen Kontroversen führte (Niedecken, 2004), ist ihre drastische Bildersprache, etwa das Zerstückeln, Vergiften, mit Kot Auffüllen der mütterlichen Brust in der (vermuteten) Fantasie des Babys. Wilfried Bion hat sich von der Bildhaftigkeit des Klein'schen Ansatzes entfernt und damit auch von den dazugehörigen Vorstellungen von zerstückelnden, zerrissenen, explosivgefährlichen Teilobjekten.

Bions Theorien unterscheiden sich in vielfacher Hinsicht von anderen Theorien, auffallend ist seine Verbindung von hoher Abstraktion (*alpha*- und *beta*-Elemente) mit konkreten sinnlichen Erfahrungen, die seine Herkunft aus der Klein'schen Konzeptwelt verdeutlicht. Er erweiterte das Klein'sche Konzept und beschrieb es abstrakt: Die Funktion der Mutter als Container besteht darin, die beta-Elemente aufzunehmen und mithilfe von etwas, was Bion »mütterliche Träumerei« (»reverie«) nennt, in alpha-Elemente zu transformieren. Er illustriert diesen Umwandlungsprozess grafisch. Bion verbindet außerdem Kleins Konzept der projektiven Identifikation mit einer Theorie des Denkens und der Kommunikation. Die Bearbeitung emotionaler Erfahrungen setzt bei Bion Toleranz für Getrenntsein voraus. Seine Überlegung, dass die ersehnte fehlende Brust als Gedanke gebildet werden kann, wenn sie nicht mehr als böse Brust ausgeschieden werden muss, ist eine andere Darstellung des Übergangs von der paranoid-schizoiden zur depressiven Position (Weiß, 2001).

Winnicott hatte über mehrere Jahrzehnte in London eine kinderpädiatrische Praxis. Er war also mit der Realität des Lebens dieser Kinder konfrontiert, insbesondere während der Kriegsjahre. Er wurde 1927 mit Kleins Arbeiten vertraut, er war bei ihr in Supervision, hat viele ihrer Konzepte am Anfang enthusiastisch begrüßt und zunächst mit Klein zusammengearbeitet. Allerdings hat ihn die mächtige klinische Realität seiner kinderpädiatrischen Praxis dann doch davon überzeugt, dass nicht nur die frühen inneren Erlebnisse, die Fantasien des Kindes, sondern insbesondere die äußere Realität und in dem Fall die versorgende, einfühlsame Mutter entscheidende Faktoren bei der Entwicklung der frühen Objektbeziehungen sind (Ehrlich, 2004). Die Differenzen zwischen beiden begannen zeitlich etwa zum Zeitpunkt des Blitzkrieg 1939, als viele Kinder aus London evakuiert und aufs Land gebracht werden mussten. Das tragische Auseinanderbrechen der Familien in einem Land, in dem Krieg herrschte, und der Verlust der Eltern beschäftigte ihn sehr, und er beschrieb bei 285 Kindern sehr unterschiedliche Verläufe, von ganz normal-unauffälligen bis hin zu schwerer Pathologie (Aguayo, 2002).

Emanuel Berman (2006) arbeitete die Unterschiede zwischen der inneren und äußeren Realität, die Winnicott sehr wichtig waren, genauer heraus. Er wies auf Ideen von Winnicott hin, dass

Mutter und Kind am Anfang eine Einheit sind, dass Babys ohne die haltende Umgebung nicht existieren können und dass auch die Mutter Aggression erlebt, und zwar gegenüber der fordernden Haltung des Babys. Dass Winnicott der äußeren Realität einen ebenso großen Beitrag zuschrieb wie der inneren, war für Melanie Klein, die sich theoretisch ganz auf der inneren Bühne bewegte, unerträglich. Aus dieser Perspektive heraus fand er es schwierig, dass Melanie Klein ihre eigenen Kinder analysierte; sie sind unter den Namen Fritz, Felix und Lisa publiziert worden (Grosskurth, 1998). Klein wollte, dass er ihren Sohn Erich unter ihrer Supervision analysiere, was er ablehnte. Mit ihrer einseitigen Betonung des Intrapsychischen schien Klein die interpersonelle Dynamik zu übersehen bzw. verleugnete den zerstörerischen Einfluss von Eltern bzw. Analytikern. Auch stieß ihn ihre Intrusivität ab. Nicht nur in ihren Kinderanalysen deutete sie ganz extrem: Winnicotts Frau Clare, die bei Klein in Analyse war, berichtete empört, dass Klein ihr eine 25-minütige Deutung eines Traumes angeboten hatte.

Winnicott war ein ganz anderer Charakter als Melanie Klein; er konnte mit sehr viel Charme Fehler zugeben, sie dagegen war recht starrköpfig. Von ihr ist einmal überliefert worden: »Ich habe 20 Jahre gewartet, bis Doktor Winnicott die depressive Position akzeptiert. Ich bin bereit, auch noch 20 Jahre zu warten, bis er auch die paranoid-schizoide Position akzeptiert.« (Grosskurth, 1993, S. 471).

Winnicott war ein sehr optimistischer Mensch, seine Konzeption von Destruktivität und Neid sind weniger einseitig als die von Klein. Er beschreibt die zyklischen Prozesse der Introjektion und Projektion, durch die die Objektwelt aufgebaut wird. Dabei hat er die *Übergangsobjekte* bzw. den *Übergangsraum* als wesentliche Hilfe für das Baby herausgearbeitet. Er hat also das kreative Potenzial des Babys in der Auseinandersetzung mit Verlusten und Verlassenheitsängsten und die »hinreichend gute Mutter« beschrieben, bei der die Aggression durchaus vorkommt, sie ist aber ein überwiegend gutes und fürsorgliches Objekt.

Klein und Winnicott hatten also zunächst einen jahrelangen fruchtbaren Austausch, sie schätzte ihn und war bereit, in manchen Punkten von ihm zu lernen, wurde aber später aggressiv, weil er zu unabhängig wurde, und konnte seine Originalität nicht würdigen, was Winnicott verärgerte (»Wenn Frau Klein nur einmal eine Idee anerkennen würde, die sie von anderen hätte, das wäre schon gut«, zitiert nach Berman, 2006, S. 370). Winnicott war durchaus kritisch ihr gegenüber, kommentierte ihre »aggressive Art, ihre Theorie zu verteidigen, die man nur als paranoid bezeichnen kann« (ebd., S. 379), aber er konnte auch ihre Leistung anerkennen, er zeigte Dankbarkeit für die Jahre der Zusammenarbeit.

Es hat also eine reiche gemeinsame konzeptuelle Entwicklung rund um das Neidkonzept gegeben. Das weitere, von Melanie Klein in *Neid und Dankbarkeit* 1957 beschriebe Konzept der Dankbarkeit spielte nicht nur in ihrem eigenen Leben keine bedeutsame Rolle, es ist auch konzeptuell kaum aufgenommen worden in der Psychoanalyse. Es gibt nur wenige empirische Arbeiten (McCullough et al., 2001), aber interessante klinische Hinweise auf die Bedeutung fehlender Dankbarkeit von Patienten und deren Auswirkungen auf die Gegenübertragung des Therapeuten (dargestellt im Kapitel »Neid in der therapeutischen Beziehung«).

David Rappaport (1998) ist einer der wenigen Psychoanalytiker, die sich mit Dankbarkeit beschäftigt haben. Er bezieht sich auf die Arbeit *The use of the object*, in der Winnicott (1969) auf die Bedeutung des mütterlichen Überlebens hinweist. Das Baby realisiert allmählich, dass die Mutter unabhängig von ihm existiert, was seine Wahrnehmung der Abhängigkeit von ihr verstärkt. Das Baby attackiert in seiner Fantasie das Innere der Mutter und erwartet, dass es sie dadurch zerstört hat. Wenn die Mutter jedoch weiterhin liebevoll und unterstützend da ist, ist das Baby gezwungen, zwischen internalen und externalen Objekten zu unterscheiden. Das Überleben der Mutter bedeutet also, dass ein separates Objekt existiert. Dieses Überleben entlastet das Kind von Schuldgefühlen. »While I am loving you I am destroying you in fantasy«, schreibt Winnicott (1969, S. 90). Winnicott bemerkte, dass viele Patienten in Analyse kamen, die nicht die Erfahrung einer »überlebenden Mutter« hatten und sie so nicht als Objekt nutzen konnten. Er formulierte, die Aufgabe der Psychoanalyse sei es, den Patienten die Gelegenheit zu geben, »the opportunity to use us«, eine Idee, die Jürgen Körner (2018) aktuell aufgreift.

Winnicotts Vorstellung war, und das ist eine Erweiterung von Kleins Ideen, dass erst durch das Überleben der Mutter, genauer:

durch die Wahrnehmung ihrer Unzerstörbarkeit, eine Trennung von Subjekt und Objekt möglich ist. Wesentlichen Anteil an der Erfahrung der Unzerstörbarkeit der Mutter durch die aggressiven Attacken des Babys hat die »primary maternal preoccupation«, ein in den ersten Lebensmonaten des Babys zu beobachtendes extremes Kümmern der Mutter. Die Unzerstörbarkeit der Mutter befreit das Baby von den bösen inneren Objekten, von seinem Hass und seinen Schuldgefühlen.

Winnicott richtete den Blick aber auch auf aggressive und destruktive Aspekte der Mutter (und damit auch des Therapeuten). Bevor das Baby die Mutter hasst, hasst die Mutter das Baby. Der Hass der Mutter geht also dem Hass und den Vernichtungswünschen des Babys voraus. Dieser Hass entsteht, weil das Baby die Mutter regelrecht aussaugt und eine tag- und nachtfüllende Beschäftigung erfordert, die der Mutter kaum noch Zeit für sich lässt. Davon, das heißt von mütterlichen Erschöpfungszuständen und Wut auf das Baby, konnte sich Winnicott in seiner kinderärztlichen Praxis lebhaft überzeugen. In der Folge dieser Beobachtungen und seiner eigenen Erfahrungen in seiner psychoanalytischen Praxis, die er neben seiner kinderärztlichen betrieb, schrieb er 1947 den wichtigen Aufsatz *Hass in der Gegenübertragung* (auch dazu später ausführlicher), der von großer klinischer Bedeutung ist.

Die Gegenübertragung hatte Melanie Klein nicht interessiert (dies war 1950 Anlass des Bruchs mit Paula Heimann). Damit hatte Winnicott eine weitere wichtige klinische Weiterentwicklung vorgenommen, denn Klein hatte sich lediglich auf den Neid des Kindes konzentriert und die emotionale Welt der Mutter und damit im weitesten Sinne das emotionale Erleben des Analytikers vermieden (Berman, 2006). Winnicott hat also die mütterliche und die kindliche Destruktivität als einen Interaktionsprozess innerhalb der frühen Objektbeziehungen beschrieben.

Von herausragender Bedeutung sind die Arbeiten von Otto F. Kernberg und Elisabeth Bott Spillius, die zwischen zwei verschiedenen Formen von Neid unterschieden haben: dem »ichdystonen« Neid, der unbewusst ist und extreme Schuldgefühle verursacht, wenn er bewusstwird. Die gesamte Abwehrformation richtet sich gegen das Bewusstwerden des Neids. Die zweite Form ist der Neid ohne Reue, ist ein Neid ohne Schuldgefühle bei jemandem, der sich im Recht glaubt, das Objekt angreifen zu dürfen. Aus den Arbeiten von Kernberg (2016) wissen wir, dass der Neid ohne Schuldgefühle sehr typisch ist für narzisstische Persönlichkeitsstörungen. Kernberg (2005) hat insbesondere bei narzisstischen Patienten die enorme Destruktivität herausgearbeitet und dass es Ziel sein müsse, diese destruktiven Teile im Selbst des Patienten zu analysieren, damit es zu einer Integration von Liebe und Hass und damit zu einer depressiven Position kommen könne (dazu in den klinischen Kapiteln mehr).

Elisabeth Bott Spillius beschäftigte sich mit der negativen therapeutischen Reaktion und systematisierte verschiedene Abwehrformen gegen Neid (Bott Spillius, 1993):

1. Die Entwertung des beneideten Objekts
2. Die Projektion des Neides
3. Die Idealisierung des beneideten Objektes (hier ist die Distanz zum Objekt so groß, dass ein sozialer Vergleich nicht mehr notwendig ist)
4. Die Identifizierung mit dem beneideten Objekt (hier ist die Differenz so gering, dass man sich auch nicht mehr vergleichen muss)
5. Die masochistische Abwehr.

Kritik, Weiterentwicklungen und die heutige Rezeption

Neid ist eine spezifische Form der Objektbeziehung. Sigmund Freuds Konzept des Penisneids wird zwar häufig plakativ zitiert, hat aber deutlich weniger Resonanz und Weiterentwicklung erfahren verglichen mit der Klein'schen Konzeption.

Penis-, Brust- und Gebärneid

Die Idee Freunds aufgreifend, beschreiben verschiedene Autoren und Autorinnen wie Carolyn S. Ellman »envy as an universal part of female development« (2000, S. 633) und führen aus, dass Neid vor allem ein Neid unter Frauen sei. Dabei rekurriert Ellman auf Melanie Kleins Ideen vom Neid des Kindes auf die Mutter, also einerseits den Neid auf die milchspendenden Mutterbrust, aber andererseits auf den Penisneid, das heißt den Wunsch, den Penis des Vaters zu besitzen, um sich narzisstisch komplett und ausgefullt zu fuhlen.

Jessica Benjamin (1990) beschreibt die Wendung des Mädchens zum Vater – in Anlehnung an Sigmund Freud – als motiviert aus dem Wunsch, vom Vater den begehrten Penis zu bekommen. In der Sicht der älteren psychoanalytischen Ansätze, so bei Helene Deutsch und Edith Jacobsen, und in Anlehnung an Sigmund Freud ist es der Mann bzw. ein Kind von ihm, welches eine Frau narzisstisch komplett macht. In diesen frühen Schriften aus den 1930er- und 1940er-Jahren wird auch die Fantasie eines inneren Penis dargestellt (Jacobson, 1937), mit dem das Mädchen bzw. die Frau dic innere Leere ausfüllt. Erst in späteren Jahren wird durch Judith Kestenbergs (Chasseguet-Smirgel, 1979) Idee der »inner genitality« dieses Konzept wieder aufgegriffen, in dem das weibliche Genital verstanden wird als ein Hohlraum, der verschlossen ist und geschützt werden muss. Andere Autorinnen wie Maria Torok (1979) und Janine Chasseguet-Smirgel (1979, S. 115) beschreiben Penisneid ebenfalls anders als Sigmund Freud: »Ich sehe Penisneid nicht als einen Anspruch auf Männlichkeit für etwas, das man um seiner selbst willen will, sondern als eine Revolte gegen die Person, die die narzisstische Wunde verursacht: die allmächtige Mutter« (Chasseguet-Smirgel, 1979, S. 115).

Sigmund Freuds Idee war, dass sich das Mädchen enttäuscht von der Mutter abwendet, die sie genital so »schlecht ausgestattet« hat und an den Vater wendet, in der Hoffnung von ihm den begehrten Penis (= ein Kind) zu bekommen. Eine Idee von Melanie Klein war dagegen, über diesen Penis Zugang zum Inneren der Mutter zu bekommen. Dies aufgreifend, ist nach Susann Heenen-Wolf (2005) die Idealisierung des Vaters und seines Penis Vorbedingung für den Objektwechsel und damit für die ödipale Triangulierung. Zerstörerisch wäre der Penisneid nur da, wo er die narzisstische Selbstbesetzung des Mädchens verhindert. Viele Autoren haben in der Folge von Karen Horney (1933) und Nancy Chodorow (1999) auf die ethnischen, kulturellen, klassentypischen und politischen Strukturen hingewiesen, die Unterschiede zwischen den Geschlechtern fortschreiben (Brunner, 1997) und Ängste von Männern ignorieren.

Für Sigmund Freud stand der Penisneid im Zentrum seiner Betrachtungen, für Melanie Klein der Brustneid (Klein, 1957) als Neid des Kindes auf die Mutter, die über die lebenspendende Brust verfügt. Weniger aufgegriffen wurde, dass auch Männer auf Frauen neidisch sein können, und zwar auf ihre Fähigkeit, Kinder zu empfangen, auszutragen und zu stillen (Kutter, 2002). Im *Handbuch psychoanalytischer Grundbegriffe* von Wolfgang Mertens und Bruno Waldvogel (2000) wird der »Gebär(mutter)neid« erwähnt: Männer möchten gerne die Funktion der Generativität (Schwangerschaft, Geburt, Stillen) übernehmen und entwerten sie doch zugleich. Schwangerschaftsspiele von kleinen Jungen werden verschiedentlich beschrieben, ebenso infantile Sexualtheorien (Geburt durch den Anus oder den Bauchnabel, der Penis als Äquivalent zur Brust, aus dem auch etwas rauskommt).

Der Gebärneid ist der Neid auf die prokreativen Funktionen der Frau, auf den Wunsch, selbst sich die begehrten weiblichen Funktionen anzueignen. In der Mythologie kommt mit Zeus der erste schwangere Mann ins Spiel. Der mütterliche Bauch ist also beneidenswert (Modena, 1986), und zahlreiche Phänomene wie die Couvade (Schwangerschaftssymptome beim Mann) zeugen davon, dass Männer sich mit dem Gebären identifizieren bzw. selbst gebären möchten. Die Funktion des Männerkindbetts besteht in der Errichtung der sozialen Vaterschaft durch symbolische Gleichsetzung des Vaters mit der Mutter. Durch die Ausbildung des phallischen Stolzes wird der Gebärneid abgewehrt. In den Medien ist gegenwärtig der »schwangere Mann« öfter ein Thema, aber auch ein neuer Umgang zwischen den Geschlechtern: mehr Feinfühligkeit, mehr Passivität und pflegerische Impulse bei den Männern, mehr Aggressivität und Dominanz bei den Frauen.

Kritik an der Aufspaltung der Affekte und dem Primat der inneren Bühne

Viel Kritik hat Sigmund Freuds Idee der Aufspaltung der Affekte geerntet (Brunner, 1997). Er hatte in seiner Theorie der psychosexuellen Entwicklung den Jungen die Angst (Kastrationsangst) und den Mädchen den Neid (Penisneid) zugeordnet und beschrieben, dass diese geschlechtsspezifisch unterschiedlichen Affekte auch das spätere Leben dominieren. Freud hat zwar eine Aufspaltung der Affekte vorgenommen (Angst beim Mann, Neid bei der Frau), doch hat er 1925 auch die Kastrationsangst als Prototyp aller späteren Ängste erwahnt und sogar einen Bezug zur Todesangst hergestellt. Männer leben in der ständigen Angst, das, was sie haben, zu verlieren. Des Weiteren hat er mit dem Konzept der Bisexualität angedeutet, dass jedes Geschlecht das jeweils andere inkorporiert hat.

Viel Kritik erntete auch die Tatsache, dass Freud und Klein sich auf die Innenwelt bezogen und die externe Welt und Realität weitgehend ausblendeten (Niedecken, 2004). Insbesondere bei Klein ist die Kritik an der fast ausschließlichen Beschäftigung mit der inneren Bühne berechtigt, denn Melanie Klein hat tatsächlich nur in ganz wenigen Kinderanalysen einen zeitgenössischen Bezug zu Hitler und zum Zweiten Weltkrieg hergestellt, das heißt zu zerstörerischen Vorfällen in der äußeren Welt der Kinder (Frank,

2003). Neid ist aber auch ein gesamtgesellschaftliches Phänomen, das mit äußeren Realitäten zu tun hat – hier geht es auch um den Gerechtigkeitssinn. Die lange übersehene Bedeutung von Neid als gesellschaftliches Phänomen (Sozialneid) wurde in den Arbeiten von Hans-Jürgen Wirth (2022) und Jan Lohl (2023) analysiert.

Ich habe schon beschrieben, dass Melanie Klein als Person und mit ihren Theorien viel Kritik ausgesetzt war. Die drastischen Bilder, denen sie sich bedient, um die Frühstadien des Ödipuskomplexes, die Welt der inneren Objekte und der Teilobjekte und das sich darum rankende Fantasieleben von Säuglingen und Kleinkindern zu beschreiben, erregen bis heute Anstoß. Dietmut Niedecken (2004) weist in diesem Kontext auf den sehr provokativen Aufsatz von Jean Laplanche *Muss man Melanie Klein verbrennen?* hin. Jacques Lacan bemühte sich, ähnlich wie Bion, um die Ersetzung der Bilderwelt von Klein durch eine abstraktere Begrifflichkeit. Allerdings wird auch bei Nicht-Kleinianern der klinische Wert ihrer Konzepte, insbesondere bei der Behandlung von Borderlinestörungen, sehr geschätzt. Ihre Konzepte der Spaltung, der projektiven Identifizierung, der paranoid-schizoiden und der depressiven Position werden vielfach verwendet (ich komme im praktischen Teil darauf zurück).

Die erste Gesamtausgabe ihrer Werke erschien 1995. Man mag sich fragen: Warum die späte Rezeption von Melanie Klein? Im Vorwort zu dieser Gesamtausgabe gibt es eine nachdenklich stimmende Antwort:

> »Die von Melanie Klein entdeckten grausam destruktiven psychotischen Phantasien des Zerstückelns, Zerreißens, des Beraubens und Entleerens, des Verbrennens, des Vergiftens, des Vergasens und der totalen Vernichtung des durch exzessive Projektion absolut böse gewordenen Objektes, deren inhaltliche Beschreibung Entsetzen, Ablehnung und feindselige Abwehr hervorgerufen hatten, waren in Deutschland Wirklichkeit geworden. Dieser Zeit der Vernichtung und der nicht wiedergutzumachenden Schuld ins Auge zu sehen, war unerträglich.«

In *Neid und Dankbarkeit* von 1957 vertritt Melanie Klein die Ansicht, Säuglinge seien von Geburt an neidisch auf die Mutter. Für Winnicott war Neid dagegen vor allem Ausdruck eines Mangels, und als Kinderarzt in Kriegszeiten konnte er davon beredtes Zeugnis ablegen (Aguayo, 2002). Die Annahme des angeborenen Neides als Ausdruck des Todestriebes hat entsprechend sehr viel Kritik hervorgerufen. Die These des angeborenen Neides (»primärer Neid«) ist bis heute das umstrittenste Konzept und hat immer wieder zu großen Entrüstungen geführt hat. Der zeitliche Bezugsrahmen, wann die komplexen Emotionen des Neides oder auch der frühe Ödipuskomplex entwickelt sein sollen, ist fraglich, auch ob zu diesen frühen Zeitpunkten überhaupt eine Fantasiewelt des Babys ausgebildet ist. Allerdings hat die Säuglingsforschung (Stern, 1992, 1998) dann die Ausführungen Winnicotts zur engen Verzahnung der Interaktionen zwischen Mutter und Baby bestätigt. Die Arbeiten von Daniel Stern haben aufgezeigt, in welchem bedeutsamen Umfang Rupturen der Synchronizität vorliegen und dass es genau diese Missverständnisse sind, die eine Unterscheidung von Objekt und Selbst ermöglichen.

Aus entwicklungspsychologischer Sicht ist vieles an der Theorie Kleins fragwürdig. Sie überschätzt den Säugling, macht ihn kompetenter, als er ist. Die von ihr geschilderten Prozesse setzen eine vergleichsweise entwickelte psychische Struktur voraus. Entwicklungspsychologische Befunde zeigen, dass Neid vermehrt erst ab dem dritten Lebensjahr auftritt. Für mich ist es keine Frage, ob man die Prozesse, die Klein beschreibt, so früh datieren kann oder nicht; ich sehe die Bedeutung des Konzepts sehr viel stärker in seiner klinischen Anwendung. Ich denke allerdings, dass ihre Idee, die ersten Ordnungsgebungen seien Spaltungsprozesse, von denen man erst einmal nur Teile wahrnimmt, ehe man diese dann zu einem Ganzen integriert, eine gewisse Logik hat – und dass diese Integrationsleistung ein wichtiger Lernprozess ist.

Sex versus Aggression und Kritik am »zurück zu den Müttern«

»Freud hat den Sex achtbar gemacht und Melanie Klein die Aggression« (Grosskurth, 1993, S. 236). Wo Sigmund Freuds Überlegungen in erster Linie vom Lustgewinn und der Triebbefriedigung geleitet waren, steht bei der Konzeption von Melanie

Klein die Destruktivität im Vordergrund: Schmerz und Wut, die aus Verlust und Versagung kommen. In Sigmund Freuds Konzeption des Neides geht es um Neid in der Triade von Vater, Mutter und Kind (= Sohn). Der fehlende Vater ist ein Defizit, das Melanie Klein schon von ihrer Tochter Melitta vorgeworfen wurde. Melitta schloss ihre Doktorarbeit 1928 ab und widmete sie, sechs Jahre nach der Scheidung ihrer Eltern, ihrem Vater. Die Idee von Melanie Klein über die omnipotente Mutter, die den Phallus in sich trägt, ist kaum weiterentwickelt worden. Das Konzept des Neides des Babys auf die Mutter dominiert das Ganze, und die dritte Person fehlt weitgehend. Damit ist es nicht zu einer Triangulierung gekommen (Grieser, 2015), sodass aus heutiger Sicht eine wichtige Weiterentwicklung nicht stattgefunden hat.

Mit Christa Rhode-Dachser (1989) hat eine Bewegung von den Vätern zurück zu den Müttern stattgefunden. Dies sei zu sehr am Defizitmodell orientiert, denn die Söhne und Töchter suchten den Vater gerade deshalb, weil er das übermächtige Mutterbild in ihnen relativiere. Die Psychoanalyse habe das Familialismusmodell bis heute nicht nur nicht überwunden, sondern sogar noch weiter ausgebaut, es gebe keine nichtfamiliale weibliche Selbstdefinition. Weiblichkeit wird immer noch zu sehr als »kastriert« gedacht, der phallische Monismus sei immer noch lebendig (Rhode-Dachser, 2006).

Im Gegensatz zu Freud (1915) glaubt Klein, dass nicht Liebe, sondern Hass der primäre Affekt am Beginn des Lebens ist. Diese unaushaltbaren negativen Affekte formen letztlich Selbst und Objekt und sind die Grundlage für Lernen und Denken – eine Position, die Klein mit Bion und Lacan teilt. Insbesondere die gute Brust trägt wesentlich zur Entwicklung von Denken und Imagination bei; von Bion stammt der Satz: »Ohne Milch kein Gedanke.« Wichtig ist, dass Klein aufgeräumt hat mit der Vorstellung einer idealisierten Mutter-Kind-Beziehung, wie sie etwa im Christentum üblich ist. Sie arbeitete den Hass, die negativen Aspekte bei der Mutter deutlich heraus, das haben andere Nachfolger dann viel behutsamer betrieben.

Von den heutigen Objektbeziehungstheoretikern wird vor allem die Desexualisierung vieler Konzepte kritisiert. Donald W. Winnicott hat hervorgehoben, dass Kleins »depressive Position« eine ganz wesentliche Bereicherung unseres Denkens und unserer klinischen Arbeit zur Folge gehabt habe, die seiner Meinung nach den gleichen Rang hat wie Freuds Ödipuskomplex.

Heute ist die unvermeidliche Allgegenwärtigkeit von Neid viel stärker akzeptiert als damals. Wir haben sehr viel Verständnis dafür, dass Neid abgewehrt werden muss, und die Neidbearbeitung ist weniger konfrontativ. Die Spaltungen und Berührungsängste sind deutlich weniger geworden. Allerdings ist die Kleinianische Psychoanalyse ganz stark in den Zweierbeziehungen verhaftet geblieben; auch das Prinzip des Container-Containt und die Weiterentwicklungen von Winnicott sind letztendlich Beziehungen, in denen der Vater nicht vorkommt. Deshalb fragen Steiner und King, was eigentlich aus der Triebtheorie geworden sei, und ob uns die Zwei-Personen-Psychoanalyse wirklich allein weiterbringe – ganz im Sinne von Rhode-Dachsers *Zurück zu den Müttern?* (1998). Ein Problem von vielen Autorinnen der kritischen, feministischen Schule wie Jessica Benjamin (1990) war tatsächlich, dass sie die Mutter idealisiert und entsexualisiert haben. Erst in späteren Arbeiten öffnet sich eine breitere Sicht: Identifikationen müssen über die simple, ödipale Logik hinausgehen »and recognize the multiplicity of sexual lifes« (Benjamin, 1996, S. 27).

Interessante Perspektiven wurden in den objektbeziehungstheoretischen Arbeiten der Gießener Schule geäußert, hier geht es um die Attraktivität des bösen Objekts und die Frage, wie man beides, Sexualität und Aggression, zusammenbringt. Die Faszination des bösen Objekts ist sehr schlüssig dargelegt: »Das gute Objekt erweckt kein erregtes Begehren, sondern fordert auf, auszuharren in der Ereignislosigkeit vertrauter Landschaften« (Heising et al., 2002, S. 115). Dies ist eine Idee, die auch schon Winnicott hatte, der die gute und die erregende Mutter unterschied.

Impulse für Forschung und Weiterentwicklung

Sigmund Freud hatte den Penisneid ausschließlich auf das weibliche Geschlecht bezogen. Er überschätzte den Penisneid des kleinen Jungen auf seinen Vater und unterschätzte den Neid von Männern auf das, was Frauen haben und können (Gebärneid, Geschlechterneid, Brustneid). Heute sehen wir eher den Charakter von Abwehrvorgängen, in denen innergenitale Erregungen und

Sensationen durch Verleugnung und Externalisierung verarbeitet werden und eine Konzentration auf das äußerlich Sichtbare erfolgt.

Dennoch ist aufschlussreich, dass ausgerechnet das Freud'sche Konzept des Penisneides, das einen Sturm der Entrüstung hervorrief, immer noch sehr präsent ist in wissenschaftlichen Publikationen. Ein Blick in *google scholar* erbrachte im September 2023 für »Penisneid« 3620, für »Gebärneid« 416, für »Brustneid« 48 und für »Geschlechterneid« 56 Treffer – das hätte Melanie Klein sicher nicht gefallen. Allerdings handelt es sich hierbei um Zitationen und Interpretationen, empirische Studien zu diesen Konzepten gibt es hingegen sehr selten (Jones, 1994; Skinner, 1997). In Tavistock Institute and Clinic zum Beispiel sind die Konzepte, die Klein vertreten hat, weiterhin sehr lebendig. Auch gegenwärtig gibt es noch viele hochfrequente Analysen bei Jugendlichen, die dreistündig sind und vier Jahre dauern. In den Supervisionen, an denen ich teilgenommen habe, konnte ich mich davon überzeugen, dass Spaltung, Teilobjektbeziehung, die böse Brust und Neid noch sehr häufig diskutiert, wenn auch ganz selten gedeutet werden.

Die psychologische Forschung hat sich intensiv mit Gefühlen wie Neid und Eifersucht beschäftigt, auch unter positiver Perspektive (etwa Rost & Schulz, 1994; Kvon, 2017). Die entwicklungspsychologische Familienforschung hat im Rahmen von Geschwisterbeziehungen die auftretenden Gefühle von Neid und Rivalität als Belastung, aber auch als Entwicklungsmotor erkannt (Circirelli, 1995; Dunn, 2007). Die entwicklungspsychologische Forschung postuliert, dass Neid nur erlebt werden könne, wenn ein Gegenüber wahrgenommen werden kann und damit ein Vergleich einsetzt, wer mehr hat oder darstellt. Diese Forschung hat Neid eher indirekt als Negativität und unter Bedingungen der Ungleichbehandlung untersucht, mit zahlreichen auch klinisch relevanten Ergebnissen. So zeigen nicht nur klinische Beobachtungen, sondern auch empirische Studien, dass noch unter Erwachsenen in der Rückerinnerung eine wahrgenommene Ungleichbehandlung mit entsprechenden Neidgefühlen relevant war (Boll et al., 2001).

Ich denke, dies hat mit der Tatsache zu tun, dass bei einer zunehmenden Anzahl von Geschwistern die elterlichen Ressourcen für jeden Einzelnen geringer ausfallen und ein Kampf einsetzt, »etwas vom Kuchen abzubekommen«. Es ist nicht genug für jeden Einzelnen da, und obwohl sich die Eltern objektiv sehr bemühen mögen, erlebt das einzelne Kind eine Benachteiligung und es entsteht Neid. Dies ist insbesondere bei kleinen Kindern nachweisbar; im Erwachsenenalter haben Konflikte und Negativität leicht abgenommen, es besteht insgesamt eine reifere Wahrnehmung von Geschwisterbeziehungen (Scharf et al., 2005). Die Geschwisterbeziehungen sind auch deutlich mehr auf der horizontalen Ebene angesiedelt und nicht mehr so abhängig von Elternbeziehungen wie bei Jugendlichen und Kindern.

Dennoch sind die Themen von Neid und Ungleichbehandlung weiterhin virulent, auch bei über 50-Jährigen Erwachsen. Ricky Finzi-Dottan und Orna Cohen (2011) fanden für Geschwisterkonflikte im Erwachsenenalter und im höheren Alter zwei Hauptgründe: Bevorzugung durch einen Elternteil (durch ständige Überschätzung und durch übermäßiges Lob ohne realistische Grundlage) und narzisstische Verletzungen (etwa aufgrund von Abwertungen durch die Eltern). Elterliche Ungleichbehandlungen werden also auch im späteren Leben weiterhin als ungerecht erlebt und können zu starken psychischen und körperlichen Beeinträchtigungen führen. Im Alter können Geschwisterbeziehungen wieder verstärkt Bedeutung erfahren, nachdem die Eltern und Partner verstorben sind (Circirelli, 1995), auch mit entsprechenden Neidgefühlen, was sich oftmals bei der Testamentseröffnung offenbart.

Ferner ist bemerkenswert, dass spezifische negative Emotionen untersucht wurden, die im Bannkreis des Neidkonzepts interessant sind, und zwar auch für die klinische Praxis. Dazu zählt die Schadenfreude. Obwohl man eigentlich einfühlsam sein sollte, wenn andere leiden, ist das keineswegs immer so, nicht selten ist man durchaus erfreut darüber – auch wenn die Schadenfreue als Emotion sozial eher wenig verträglich ist und häufig verborgen wird. Wie die Studien von Colin W. Leach und Kollegen (2003) zeigen, tritt die Schadenfreude nur in Bezug auf Selbstwert relevante Domänen auf und ist besonders groß, wenn der andere vermeintlich mehr hat oder mehr kann, nun aber von einem Unglück, einem Missgeschick, einem Verlust betroffen ist. In vielen Studien erwies sich der Neid als eines der wesentlichen

Hindernisse, weshalb man, wenn einem anderen Menschen ein Missgeschick passiert, nicht Empathie und Hilfsbereitschaft, sondern Schadenfreude empfindet (Hareli & Weiner, 2002). Der Neid darauf, dass der andere mehr hat und nun »geschädigt« wird, ist unverkennbar auch ein Bestimmungsstück in der Konzeption von Melanie Klein, die deutlich gemacht hat, dass es dem Neidischen um das Verderbenwollen geht.

Eine ähnlich interessante Forschungsdomäne, die im Umkreis von Neid relevant ist, ist die Unfähigkeit zu vergeben (Exline et al., 2004). Sie wird mit narzisstischen Persönlichkeitszügen und einem hohen Anspruch an sich selbst in Verbindung gebracht. Die Fähigkeit, zu vergeben, ist ein wichtiger sozialer Motor und hat gesundheitsfördernde Auswirkungen, allerdings fällt es dennoch vielen schwer, anderen zu vergeben. Unterschiedliche Motive wurden dafür genannt: sein Gesicht zu wahren, ein erhöhter Anspruch, narzisstische Grandiosität und eben Neid. Tatsächlich erwies sich in mehreren Studien der Neid als eine der Hauptemotionen, warum es so schwerfällt, anderen zu vergeben.

Gegenwärtige Arbeiten mit den Konzepten von Melanie Klein

Bereits 1951 wurde von Esther Bick an der Tavistock Clinic für Kinderpsychotherapeuten die Säuglingsbeobachtung eingeführt, die dort seit 1960 zum Lehrplan gehört und inzwischen auch in vielen deutschen psychoanalytischen Ausbildungsinstituten Standard ist. Es ist darauf hingewiesen worden, dass in der Folge von Kleins Konzeption eine ganze Reihe von Weiterentwicklungen entstanden, die letztendlich bis in unsere gegenwärtige Sicht auf den therapeutischen Prozess und die therapeutische Beziehung hineinwirkten. Dabei wurden besonderes die Bindungstheorie, die Konzepte von Container-Containt, vom Übergangsraum und von der Symbolbildung bis hin zum Mentalisieren hervorgehoben. Auch das Konzept von *Rupture and Repair* (Safran, 2011), das inzwischen eine große Rolle in der Therapie spielt, ist letztlich aus Klein'schen Konzepten ableitbar. Auch das Konzept der Gegenübertragung wurde aus Kleinianischer Sicht weiterentwickelt (Plenker, 2005).

Wir haben des Weiteren zahlreiche klinische Arbeiten zum Konzept der projektiven Identifizierung, die zum Teil ein regelrechtes »Umbrella-Konzept« zu werden droht, unter das alles Mögliche gefasst wird, sowie zum Konzept der negativen therapeutischen Reaktion. Auch das Narzissmuskonzept enthält viele Perspektiven von Neid (Hartmann, 2018). Auffällig viele in den letzten Jahren erschienene Publikationen beschäftigen sich mit dem stark tabuisierten Neid unter Frauen (Reenkola, 2022; Sandmeyer, 2018). In den letzten Jahren ist auch ein stärkerer Fokus auf die gesellschaftliche Perspektive entstanden. »Undemokratische Emotionen« (Illouz, 2023) und Neid als Element in der Politik, besonders im Populismus, wurden aus psychoanalytischer Sicht analysiert (Wirth, 2022).

In psychoanalytischen Konzeptionen standen ganz generell lange Zeit vertikale Beziehungen im Vordergrund, so in den dominanten Konzeptionen über Neid von Freud und Klein. Die geschwisterliche Beziehung ist eine horizontale Beziehungserfahrung, die im vertikalen Zusammenspiel mit den Eltern gestaltet wird. Die Geschwisterbeziehung blieb also lange Zeit über die Beziehung zu den Eltern definiert (Lehmkuhl & Lehmkuhl, 1995). In der Psychoanalyse öffnete sich das Denken erst allmählich für die horizontale Ebene (Moser et al., 2005). Susanne Döll-Hentschker (2017) vermutet, dass eine der Barrieren die Auseinandersetzung mit der eigenen Ersetzbarkeit ist (»Ich bin nicht mehr einzigartig«, »Ich bin nicht die Einzige«), was Abwehrprozesse mobilisieren kann.

Die Bindungstheorie bezog die Deprivation auf die Mutter; dass diese Kinder möglicherweise auch ihre Geschwister vermissten, hatte John Bowlby (1988) nicht im Blick. Die Objektbeziehungstheorien, die Freuds dominante Theorie des Ödipuskomplexes als Grundlage der Symptombildung und des ödipalen Beziehungsdreiecks Vater-Mutter-Kind ablösten, beschreiben den Aufbau von Objektrepräsentanzen und zeigen die Entwicklung des Selbst als interpersonale Struktur auf – allerdings kennen sie nur Vater- und Mutterobjekte. Bis in die 1980er-Jahre hinein waren Geschwister, insbesondere in horizontaler Betrachtung, also die Geschwisterlichkeit (Benjamin, 1990), kein Thema.

In den Arbeiten von Horst-Eberhard Richter (1963) zur Familientherapie wurden allerdings bereits die Grundlagen für die

Umzentrierung von der vertikalen zur horizontalen Ebene gelegt: In der unbewussten Erwartung von Vater und Mutter kann das Kind anstelle des eigenen Geschwisters stehen (»Das Kind als Substitut für eine Geschwisterfigur«). Wenn die Eltern selbst früher dem Bruder oder der Schwester an Klugheit, Schönheit, Selbstbewusstsein unterlegen gewesen sind oder es zumindest so erlebten, dann müssen sie jetzt befürchten, durch das eigene Kind die gleiche Kränkung zu erfahren. Richter hat des Weiteren auf die Integration der schwachen, »unfähigen« Ich-Anteile (und die Aufgabe von deren Verleugnung durch Grandiosität) hingewiesen (Richter, 2005).

Viele Neuentwicklungen, viele theoretische und klinische Weiterentwicklungen sind aus dem Dissens um Freud und Kleins Neidkonzepte entstanden. Insbesondere Melanie Kleins Konzeptionen haben bis heute zu sehr vielen interessanten klinischen Überlegungen geführt.

Historische, gesellschaftliche und kulturelle Perspektiven

Neid ist ein zentrales Motiv, das in allen Kulturkreisen seit Jahrtausenden vorkommt und auch literarisch und musikalisch umgesetzt wurde. Auf gesellschaftspolitischer Ebene zeigt in den letzten Jahren der Terminus »Neidgesellschaft« eine zunehmende Bedeutung von Neid und Neidbearbeitung auf. Es ist hilfreich auch in Psychotherapien, sich dieser kulturellen Prägungen bewusst zu sein, denn sie können unbewusst sehr wirkmächtig sein.

Neid als Mordmotiv in der Bibel

Das Alte Testament enthält eine Fülle von Geschichten, in denen es um Neid, Todeswünsche und Neidbearbeitung geht. Nach Felix de Mendelsohn (2015) ist der erste Mord der Kulturgeschichte ein Paradigma für alle späteren Morde, und er ist ein Brudermord aus Neid. Kain ist gemäß dem biblischen ersten Buch Mose der erste Sohn von Adam und Eva, also der fiktiv ersten Menschen, die Gott auf der Erde erschaffen hatte. Die Bibel beschreibt, wie die Brüder Kain und Abel Gott jeweils ein Opfer bringen, dieser aber aus ungeklärten Gründen nur das Opfer Abels annimmt. Wenig später ermordet der sich benachteiligt fühlende Kain seinen Bruder.

Auch die biblische Erzählung von Jakob und Esau illustriert ein Muster des geschwisterlichen Rivalisierens und des Neides. Der Vater Isaak zieht den älteren Sohn Esau vor, die Mutter Rebeka den jüngeren Sohn Jakob. Der Segen des Vaters ist ein ganz wesentliches Element und heiß ersehnt von den Söhnen (Seiffge-Krenke, 2016). Als Isaak vor seinem Tod Esau segnen will, stiftet seine Frau ihren Lieblingssohn zu einem Betrug an. Unter einer Verkleidung als Esau erschleicht er sich den väterlichen Segen. Daraufhin hasst Esau seinen Bruder und will ihn umbringen. Die elterliche Ebene, die Bevorzugung von Geschwistern, ist in dieser Geschichte eine Voraussetzung für die Entwicklung des Neidgeschehens. Nach dem Tod des Vaters leben die beiden Brüder angeblich in Frieden.

In diesem Kontext ist auch der Konflikt zwischen Joseph und seinen Brüdern zu nennen: Joseph, der Liebling der Eltern, wird von seinen neidischen Brüdern an eine Karawane verkauft und dem Vater gegenüber als tot ausgegeben. In allen drei Überlieferungen handelt es sich also um Neid unter Geschwistern. Als weniger drastische Verarbeitung von Neid in der Religion hat Verena Kast (2004) Beschwichtigungsmodelle herausgearbeitet, wie Entsagung und Askese.

Nun ist zu bedenken, dass die Tötung von Kindern eine lange Tradition bei vielen Völkern hat und teilweise mit der Ressourcenknappheit zu tun hatte (Kindstötung durch Aussetzung), aber auch mit dem Versuch, die Götter gnädig zu stimmen und das Volk vor Unheil zu bewahren (Hirsch, 2015). Nicht nur bei den südamerikanischen Indigenen, auch in den jüdischen und christlichen Gründungsmythen ist das Kindsopfer sehr prominent. Dabei scheint die »Entwicklung« vom Kindsopfer zum Tieropfer und schließlich zur Opferung von Nahrungsmitteln vorangeschritten zu sein, wobei die Opfertiere bzw. die geopferten Nahrungsmittel häufig auch gegessen wurden. Orale Aspekte, Inkorporation sind also bedeutsam, und wir fühlen uns an Melanie Kleins Konzeption des frühen Neides erinnert. Schließlich blieben, als letztes Überbleibsel der Inkorporation im christlichen Abendmahl, die Hostie und der Wein übrig, die jeweils den Leib bzw. das Blut Christi symbolisieren.

Wir dürfen nicht vergessen, dass Neid- und Mordgeschichten in einer Zeitspanne vorherrschten, in der das Erbrecht das Erstgeburtsrecht vorsah. Nur der erstgeborene Sohn (!) erhielt das väterliche Erbe, die nachgeborenen Söhne mussten sich als Soldat (Zweitgeborener) oder Kirchenmann (Drittgeborener) verdingen. Töchter gingen ohnehin leer aus, sie mussten lediglich mit einer Mitgift verheiratet werden.

Neid in vielen Kulturen: Geschlechterverhältnis und Begräbnisrituale

Interessante Hinweise auf Neid und Neidbewältigungsmechanismen finden sich in ethnopsychoanalytischen Beschreibungen, die sich mit der Erforschung des Unbewussten in fremden Kulturkreisen befassen, aber auch zum Verständnis des Unbewussten in der eigenen Kultur fruchtbar gemacht werden können. In seiner Übersicht über Neid in verschiedenen Kulturen kommt Helmut Schoeck (1982) zu dem Schluss, dass Neid ein ubiquitäres Phänomen ist, weil es keine wirklich egalitären Gesellschaften gibt. Es gibt seiner Analyse nach auch keine Ethnie, die nicht ein Wort für Neid hat. Im Folgenden werden zwei Beispiele für Neid und Neidverarbeitung in verschiedenen Kulturen gegeben.

Alf Gerlach (1995) erläutert Beispiele für Geschlechterneid anhand der Koro-Epidemie. Es geht um die mit Todesangst verknüpfte Vorstellung, Penis, Nase, Finger oder Brüste könnten sich in den Körper zurückziehen. Obgleich auch an anderen Ländern (Indien, Thailand, Nigeria) bekannt, ist das periodische Auftreten der Koro-Epidemie vor allem bei jungen Männern in Südchina besonders markant. Die Betroffenen sind zu 85 Prozent Männer zwischen 15 und 19 Jahren; das (vermeintliche) Schrumpfen des Genitales versetzt sie in große Angst. Es handelt sich nicht nur um eine Kastrationsangst, sondern um eine Todesangst, die immer wieder seit dem 12. Jahrhundert belegt ist. Der Oralität wird in dieser Kultur ein großer Wert beigemessen, und die lebenspendende Mutter »füttert« nicht nur das Baby, sondern auch den Mann beim Geschlechtsakt. Für Gerlach ist der versteckte Neid der Männer auf die weibliche Geschlechtlichkeit und auf die lebensspendende Kraft der Frauen bei der Koro-Epidemie nur allzu deutlich.

Michele Stephen (1998) arbeitet heraus, dass die Begräbnisrituale in einigen Kulturen Aspekte enthalten, die sehr an Melanie Kleins Konzeption von Neid erinnern. Trauern ist nicht einfach ein Prozess, in dem man sich mit dem Verlust einer geliebten Person auseinandersetzt, es können zugleich frühe Kindheitsfantasien des Verlustes der Mutter virulent werden, ebenso unbewusste Fantasien, dass man das gute Objekt zerstört hat. Ambivalente Gefühle im Zuge eines Trauerprozesses sind keine Seltenheit, und nach Klein aktiviert der Trauerprozess die depressive Position der frühen Kindheit. Die Verarbeitung schließt verschiedene Phasen mit unterschiedlichen Affekten ein.

Dies wird deutlich in einer weiteren Arbeit von Stephen (2000), in der es um die Begräbnisrituale einiger melanesischer Kulturen geht. Bei den Sabari wird der Körper des Toten nicht weniger als sechs Mal zerstört und wiederhergestellt, zunächst in einer realen Form, dann zunehmend in einer symbolischen Form, mit Zerstörung und Wiedergutmachung in Form von Geschenken, die an alle verteilt werden und teilweise gegessen werden. Dabei handelt es sich symbolisch immer um weibliche Körper, auch wenn der Tote ein Mann ist, was nach Stephen symbolisiert, dass es die Mutter ist, von der man genommen hat und an die man in einem Reparationsversuch etwas wieder zurückgibt.

Die aggressive Natur des Geschenkeverteilens und die Scham darüber bei jenen, die beschenkt werden, setzt die Autorin, eine Anthropologin, direkt mit der Klein'schen Theorie der Reparation und Wiedergutmachung in Beziehung. Sie fragt sich, warum die Ambivalenz gegenüber dem Toten so groß ist, dass man ihn mehrmals zerstören und »wiederherstellen« muss? Warum entwickelt sich so viel Scham beim Erhalten der Geschenke? Dies ist, ihren Ausführungen zufolge, nicht mit der Freudianischen Erklärung von Geschenken als »faeces« zu erklären, also einem analen Thema, das eng mit Lustgewinn verbunden ist. Sehr viel schlüssiger erscheint Stephen die in der Kleinianischen Theorie dargestellten unbewussten Fantasien aus der sehr frühen Mutter-Kind-Beziehung, der vorsprachlichen Zeit, die Ideen des Ausraubens und der Wiedergutmachung am Körper der Mutter.

Man hat den Toten, in diesem Fall symbolisch die Mutter, ausgeraubt, viel von ihr bekommen, und dies beschämt einen und erfordert eine Wiedergutmachung. Je mehr Geschenke verteilt werden, desto mehr der »ausgeraubten« Mutter wird symbolisch wieder hergestellt. Auch das Tabu des weiblichen Körpers als Essen bei Ethnien, die den Kannibalismus als eine Form der Begräbnisrituale pflegten, hat einen direkten Bezug, so Stephen, zur Kleinianischen Idee des Zerstörens, Ausraubens und der Wiedergutmachung am Körper der Mutter. In dieser Arbeit zieht Michele Stephen (2000) Parallelen zu dem aufgespaltenen Bild des mütterlichen Objekts, symbolisiert in Kleins guter und böser Brust, mit den in vielen Mythologien vorkommenden »bösen Müttern« (Kali) bzw. Hexen, die häufig in Kombination mit einem guten mütterlichen Objekt als Gegenpart in Szene gesetzt werden. Ein klinisches Beispiel dafür findet sich in einem späteren Kapitel, wo es um die Aufspaltung des Mutterbildes im Märchen *Aschenputtel* geht.

Die literarische und musikalische Verarbeitung von Neid

Es gibt zahlreiche Beispiele für das Neidthema in der Literatur und auch in der Musik. In der Geschichte der Dramen gilt Shakespeares Figur Iago aus Othello als berühmter Neider; er zettelt eine Intrige gegen *Othello* an, die mit dessen Freitod endet. William Shakespeare hat außerdem in seinem Werk *Richard III* den titelgebenden Protagonisten als neidische Figur konzipiert. Richard III. nennt in einem Monolog den Neid wegen Ungerechtigkeit der Natur als Motiv seiner Intrigen. Er beschreibt sich als entstellt und missgestaltet und begründet damit seinen Hass auf die ungerechte Natur.

In Friedrich Schillers Dramen *Die Räuber* und *Kabale und Liebe* stellt Neid ein zentrales Motiv dar. In der Geschichte *Der Großinquisitor*, aus dem fünften Buch der *Brüder Karamasow* von Fjodor M. Dostojewski (Erstausgabe in russischer Sprache 1879) heißt es, mit Blick auf die Bedeutung religiöser Führer: »Sie werden schließlich selbst begreifen, dass Freiheit und reichlich Brot für alle zusammen nicht denkbar ist, denn niemals, niemals werden sie imstande sein, untereinander zu teilen« (Dostojewski, 2010, S. 177).

In der Aufarbeitung von Helmut Lethen (2022) zur Bedeutung von Neid und Aggression unter Menschen geht es viel um die Faszination des Bösen, die in Arbeiten von Friedrich Nietzsche, Thomas Mann, Marcel Proust und Albert Camus in ihrer Beschäftigung mit der Novelle vom Großinquisitor herausgearbeitet wird. Die Empfehlung »Werde zornig!« (Dostojewski, 2010, S. 181) ist ein klarer Hinweis dafür, dass Aggression ein nutzbringender Affekt ist und Sanftheit bzw. Aggressionshemmung wie bei Jesus und *Fürst Myschkin* (Dostojewski) den Menschen letztlich zum »Idioten« macht.

Die schwierige Beziehung unter Schwestern ist literarisch oft verarbeitet worden, so jüngst bei Marcello Fois (2015) in seinem Roman *Schwestern – die alte Geschichte*. Zwillingsschwestern treffen sich darin im Alter von 48 Jahren nach dem Tod des Vaters in dessen Wohnung, um diese auszuräumen. Das letzte Mal waren sie dort als Achtjährige gewesen – und sie benehmen sich auch heute noch so, als seien sie erst acht Jahre alt. Der Neid aufeinander hat die Jahrzehnte überdauert und bricht sich nun, nachdem die Eltern nicht mehr als Regulativ da sind, ungebrochen Bahn. Im Testament überraschen viele Eltern, so auch in dieser Geschichte, ihre Kinder mit einem letzten vertikalen Donnerschlag.

In *Salieri's Dilemma* beschreiben R. Horacio Etchegoyen und Clara R. Nemas (2003) das typische Gefühl eines Autors, der für andere schreibt, während die anderen den Ruhm davontragen. Bekanntlich war Salieri selbst ein begabter Musiker und Komponist, hat sich aber dann ganz in den Dienst Mozarts gestellt und zu dessen Ruhm beigetragen. Die Novelle *Mozart und Salieri*, von Puschkin 1830 geschrieben, geht über die historischen Tatsachen hinaus und beschuldigt Salieri der Ermordung Mozarts. In Miloš Formans *Amadeu*-Film wird der längst haltlose Mythos von Salieris Schuld an Mozarts Tod weitergestrickt.

In Händels Oratorium *Saul* (1738) ist der Neid von Saul auf den jungen David ein wesentliches Motiv, das musikalisch grandios umgesetzt wurde. Der Vergleich und das Gefühl von Saul weniger Ehren erfahren zu haben (»To him ten thousand and to me but thousand«) und das quälende Gefühl des Neides gegenüber einem Jüngeren, den man gefördert hatte und der einen nun überrundet (»A serpent in my bossom warmed would sting me to the heart«), ist sehr deutlich. Es gab zwar Versuche von David, die hochkochenden negativen Affekte von Saul ihm gegenüber zu besänftigen, nämlich durch Harfenspiel, Saul jedoch ist so in Rage, dass er sich nicht besänftigen lassen will und den Befehl gibt, David zu töten. Dies soll, besonders perfide, von seinem Sohn Jonathan ausgeführt werden, dem besten Freund von David. Der Chor beginnt den zweiten Akt mit »Envy, eldest born of hell!«. Hier sind also Ursachen des Neides, Versuche der Neidbearbeitung sowie der Neidbeschwichtigung sehr deutlich musikalisch umgesetzt.

Unzweifelhaft haben auch berühmte Schriftsteller und Künstler erheblich unter Neid auf Kollegen gelitten. Besonders viele Dokumente neidvoller Vergleiche mit entsprechenden Abwertungen und »zerstörerischen Kommentaren« findet man im Briefwechsel zwischen Virginia Woolf und Katherine Mansfield, wo der frühe Tod der Widersacherin Virgina Woolf aufatmen lässt (»Was empfindet man? Schock oder Erleichterung? Eine Rivalin weniger?« [Karl, 2023, S. 412]).

Neidgesellschaft und Sozialneid

Ich habe bisher die Auswirkungen innerhalb der Familie thematisiert, aber Neid ist ein ubiquitäres Phänomen, das sich auch in Gruppen und Institutionen zeigt. Die Geschwisterbeziehungen mit ihrer Neidproblematik sind die Blaupause für Schwestern- und Bruderschaften, die die weitere soziale Welt strukturieren. Insbesondere in Großgruppen ist das Thema »Neid« sehr virulent und wird durch die neuen Medien sogar verstärkt. Der Soziologe Helmut Schoeck (1992), der die weite Verbreitung des Neides in vielen Gesellschaften beschreibt, belegt das angeblich »neidfreie Gesellschaften« wie Kibuzzim nur durch Kontrollinstanzen aufrechtzuerhalten sind. Große Teile der Weltbevölkerung sind davon überzeugt, dass Einkommen, Vermögen und Besitz ungerecht verteilt sind – was natürlich eine realistische Einschätzung ist –, auffällig ist allerdings die zunehmend offene Äußerung von Neid. Die Studie von Rolf Haubl (2008) zu Neid und Neidbewältigung in Deutschland erbrachte, dass mehr als die Hälfte der Deutschen eine »Neidgesellschaft« wahrnehmen, wobei Ostdeutsche stärker zu dieser Aussage tendierten und entsprechend »empörend-neidisch« reagierten.

Der Begriff »Neidgesellschaft« ist zu einem politischen Schlagwort geworden. Damit wird eine Gesellschaft bezeichnet, in der Neid und insbesondere »Sozialneid« als lediglich politisch und wirtschaftlich motiviert dargestellt wird. Es werden damit unterschiedliche Argumentationen verfolgt: Die Forderung nach mehr sozialer Gerechtigkeit wird als schlichte Neidäußerung abgewertet und die Kritik an ungerechten Privilegien wird kleingeredet, es ist aber auch eine Motivierungsstrategie erkennbar. So unterscheidet

Rolf Haubl (1998) zwischen dem negativen feindselig-schädigenden und depressiv-lähmenden sowie dem positiven ehrgeizig-stimulierenden und empört-rechtenden Neid, der das Gerechtigkeitsgefühl anregt und auf Veränderung drängt. Der Begriff der Neidgesellschaft verhindert, so wird von soziologischer Seite argumentiert, letztendlich die Beschäftigung mit ungerechten sozialen Verhältnissen.

Neid ist ein gesamtgesellschaftliches Phänomen, das mit äußeren Realitäten zu tun hat, hier geht es auch um den Gerechtigkeitssinn. Die lange übersehene Bedeutung von Neid als gesellschaftliches Phänomen (Sozialneid) wurde in den psychoanalytischen Arbeiten von Hans-Jürgen Wirth (2022) herausgearbeitet. Der Schriftsteller Hartmut El Kurdi (2020) sah in Deutschland in den Jahrzehnten von 1990 bis 2020 eine politische Wirksamkeit des »Sozialneids der Villenviertel«. Wenn man sich den Niedergang des öffentlichen Sektors und den gleichzeitigen Anstieg der Privatvermögen seit den Neunzigern anschaue, werde klar, »warum die Bibliotheken und Stadtteilbäder geschlossen werden mussten: Weil die ›Besserverdiener‹ es nicht ertragen konnten, dass es ein paar Dinge gab, die nicht nur ihnen, sondern allen gehörten.«

Interessant ist, dass es Veränderungen in dem gegeben hat, was den Neid erregt. Neid wird heute häufiger und offener geäußert als früher, es haben sich auch die Neid erregenden Objekte geändert. »Wer es heute den Nachbarn so richtig zeigen will, parkt das E-Bike vor der Tür und hat eine Solaranlage auf dem Dach.« Wie Jannis Bruehl und Paulina Würminghausen (2023) schildern, haben sich die Statussymbole geändert, aber das Prinzip ist das gleiche geblieben: Neiderregung.

Untersuchungen über den Einfluss sozialer Medien unterscheiden zwischen eher gutartigem Neid und »malicious envy«, der insbesondere durch die Zahl der Likes und eine stark geschönte Realität hervorgerufen wird. Sie belegen eine zwiespältige Funktion der sozialen Medien mit ihren ständigen sozialen Vergleichen: Es lassen sich einerseits negative Folgen für die Gesundheit und zunehmender Neid der Mediennutzer nachweisen, aber durchaus auch positive Funktionen wie Inspiration (Meier & Johnson, 2022). Bei starken Mediennutzern mit vielen Posts und Selfies ließ sich noch vier Monate später Neid gegenüber anderen nachweisen – langfristige Auswirkungen sind also zu erwarten. Das

Dilemma von »approach-avoidance« (Annäherung versus Vermeidungsversuche) stellt sich vielen Mediennutzern, und Erschöpfung, Versuche, die Mediennutzung zu reduzieren oder sich aus den sozialen Medien abzumelden, werden berichtet (Wang et al., 2021).

Je weiter sich die Schere zwischen Arm und Reich öffnet, desto häufiger trifft man auf die Neidproblematik. Jan Lohl (2023) hat die Propagandareden von Rechtspopulisten wie Björn Höcke und anderen analysiert. In diesen rechtsextremen Reden werden zwei Gruppen von Vorstellungen über das deutsche Volk formuliert: eine positive (»Als Angehörige des deutschen Volkes seid ihr großartig und mächtig und werdet in Zukunft Geschichte schreiben«) und eine negative (»Als Deutsche seid ihr existenziell bedroht, wird Euch etwas genommen und ihr bekommt zu wenig.« [Lohl, 2023, S. 135]). Das Mangelerleben und die Bedrohung des Narzissmus durch andere, die mehr haben oder es vermeintlich leichter haben, ist überdeutlich. Rechtspopulistische Propaganda schürt also Ängste, dass das deutsche Volk im Sinne eines idealen Objektes beschädigt wird, dass etwas verloren geht. Die Verlustängste werden gesteigert, gleichzeitig werden Möglichkeiten angeboten, wie man den kollektiven Hass abführen kann.

Wut und Hass lassen sich nach Otto F. Kernberg (2016, S. 36) als »verzweifelte Versuche […] begreifen, angesichts stark frustrierender Situationen einen Zustand narzisstischen Gleichgewichts herzustellen«. In der Feindbildung werden aber nicht einfach Aggressionen projiziert, sondern der abgespaltene böse Anteil des ambivalent besetzten Objektes bzw. des Selbstanteils. Stavros Mentzos (2003) weist insbesondere auf die Abwehr und Abspaltung von Ambivalenz hin, Margarete Mitcherlich und Alexander Mitcherlich in ihrem 1967 erschienenen Buch auf »Die Unfähigkeit zu trauern«. Sie vermuteten, dass frühere NS-Identifikationen und zerstörter Narzissmus weiter fortbestanden und man sich weiterhin als Opfer böser Mächte (der Juden, der Russen) wahrnahm. In den Beziehungen zu den eigenen Kindern wurde dann nichts aufgearbeitet, sondern diese Ideologie stabilisiert.

Der Umgang mit geraubtem oder unrechtmäßig erworbenem Eigentum – nicht nur aus nationalsozialistischen und kolonialen Zeiten – hat inzwischen viel Beachtung gefunden. In der NS-Zeit war der kollektive Narzissmus der Deutschen ins Unermessliche gesteigert. Fast die gesamte deutsche Nation hat Adolf Hitler und seine völkischen Ideen idealisiert, und die antisemitische Politik wurde von sehr vielen geteilt. Sie beruhte unter anderem auf dem Mechanismus der Neiderregung, denn »den Juden« würden Reichtümer und Besitz zugesprochen, die eigentlich dem deutschen Volk gehörten. Diese Propaganda machte es möglich, sich in Pogromen an Juden zu bereichern, ihnen Wohnungen, Häuser, Kunstschätze wegzunehmen. Die Nachweise von Herkunft und die Rückgabe geraubter oder unrechtmäßig erworbener Beute betreffen inzwischen viele Kunstschätze.

Wie Jörg Taszman (2023) in einem Artikel in der Süddeutschen Zeitung belegt, verlief die Rückerstattung geraubten jüdischen Eigentums nach dem Zweiten Weltkrieg in Ost- und Westdeutschland sehr unterschiedlich. Zwar wurden in der BRD Zahlungen geleistet, aber es dauerte sehr lange, bis es dazu kam, und diese wurden immer wieder blockiert und hinausgezögert. Nach langen Verhandlungen zwischen der Bundesrepublik Deutschland, dem Staat Israel und der Jewish Claims Conference verpflichtete sich die BRD, an Israel eine Zahlung von drei Milliarden Mark für Überlebende der Shoah zu leisten, die in Israel nach dem Krieg lebten. Mit weiteren 450 Millionen sollten die außerhalb Israels lebenden Juden unterstützt werden, die von den Nazis ins Exil getrieben worden waren.

Der Impuls zur Wiedergutmachung ging allerdings nicht etwa von den Deutschen aus. Die Siegermächte zwangen dem westdeutschen Staat eine Gesetzgebung auf, die zunächst widerwillig und im Detail sehr zwiespältig umgesetzt wurde. Der Bürokratie, den Gerichten und vor allem diversen Oberfinanzdirektionen war das persönliche Schicksal und die Leidensgeschichte der jüdischen Geschädigten und Opfer völlig egal. Immer wieder versuchten vor allem staatliche Institutionen, Verfahren zu verzögern, Schadenssummen erheblich zu kürzen oder ausgezahlte Reparationssummen auch noch zu besteuern oder nicht auszuzahlen, wenn die Opfer aus Osteuropa stammten.

Die DDR wiederum war von der israelischen Regierung aufgefordert worden, die zunächst geforderte Gesamtsumme von 1,5 Mrd. US-Dollar zu einem Drittel zu begleichen. Aus ideologischen Gründen verweigerte die DDR nicht nur jegliche Zahlungen an den Staat Israel, sondern auch sämtliche Restitutionen von geraubtem jüdischen Land- und Immobilienbesitz. Man argumentierte, die DDR sei ein neuer sozialistischer Staat, kein Nachfolgestaat Hitlerdeutschlands. Ferner seien jüdische Besitzer von Immobilien in erster Linie Kapitalisten und damit Ausbeuter der Arbeiterklasse, an die man keinerlei Gelder bezahlen oder Immobilien und Land zurückgeben werde. In der DDR (über-)lebende Juden, die als Opfer des Faschismus anerkannt waren, zahlte man allerdings wie allen Opfern des Faschismus eine Rente und andere Sozialleistungen. Erst in den späten 1980er-Jahren versuchte die SED aus wirtschaftlichen Gründen, mit Israel und der Jewish Claims Conference zu einem Vergleich zu kommen. Auch diese Verhandlungen scheiterten letztendlich an der SED und ihrem Geiz, wie Jörg Taszman schreibt, erhebliche Millionenbeiträge in Devisen zu zahlen. Nach der Wiedervereinigung kam es dann auf dem Gebiet der DDR zu Restitutionen und Entschädigungen wie in der alten Bundesrepublik.

Dankbarkeit und Neidabwehr

In der Theorie von Melanie Klein gehören Neid und Dankbarkeit konzeptuell zusammen. Während es in den psychoanalytischen Konzeptionen praktisch keine Weiterentwicklung des Dankbarkeitskonzepts gab, lediglich einige klinische Hinweise (darauf komme ich im letzten Kapitel zurück), ist das Dankbarkeitskonzept in den Sozialwissenschaften Gegenstand weiterer Forschungen. Dankbarkeit nimmt in der Rangfolge der wichtigen Eigenschaften einen der oberen Plätze ein und Undankbarkeit wird wiederum als eine der negativsten Persönlichkeitseigenschaften eingeschätzt (Watson et al., 2006). In der Entwicklungspsychologie fand man in den USA heraus, dass Kinder nach den Erfahrungen des 11. September 2001 besonders dankbar reagierten, dass ihnen nichts geschehen war, und dass sich diese Dankbarkeit für Jungen eher auf materielle Dinge bezog, für Mädchen eher auf Beziehungen, das heißt dass ihren Eltern, Freunden nichts passiert war (Gordon et al., 2004).

Man untersuchte auch Zusammenhänge zwischen Dankbarkeit und prosozialem Verhalten und fand, dass Dankbarkeit von der Freiwilligkeit und den Kosten des Gebers abhängt (»Helping when it costs you«, Bartlett & DeSteno, 2006). Dankbarkeit ist umso größer, je weniger egoistisch und selbstbezogen der Geber Hilfe angeboten bzw. gegeben hat. Helfen, wenn es uns etwas kostet, das heißt die einseitige, nicht egoistische Unterstützung anderer, ist wichtig zur Aufrechterhaltung sozialer Beziehungen, auch in Institutionen (McCullough, et al, 2001). Einseitige Hilfe und Unterstützung führt zu reziprokem Hilfeverhalten: Man gibt etwas zurück, weil man dankbar ist, also selbstlose Hilfe erhalten hat. Watkins et al. (2006) weisen darauf hin, dass die freiwillige Unterstützung durch andere und entsprechend die soziale Emotion der Dankbarkeit in allen Kulturen und allen Religionen eine große Bedeutung haben. Dankbarkeit hängt nicht nur mit reziprokem prosozialem Verhalten und moralischen Haltungen zusammen, sondern auch mit zahlreichen Indizes der psychischen Gesundheit (McCullough et al., 2001; Tsang, 2006).

Von besonderem Interesse für unseren Kontext der Betrachtung von Neid sind Untersuchungen zur öffentlichen versus privaten Bezeugung von Dankbarkeit. Baumeister & Ilko (1995) war aufgefallen, dass bei öffentlichen Zeremonien und Verleihungen von Preisen die Rede meistens einen umfangreichen Teil enthält, in denen verschiedenen Personen Dank gesagt wurde am Zustandekommen der preiswürdigen Leistung. Im privaten Kontext würde aber der Beitrag von anderen eher heruntergespielt und die eigene Leistung hervorgehoben. Diese oberflächliche Dankbarkeit (»shallow gratitude«) ist aus ihrer Sicht ein Versuch, potenziellen Neid abzuwehren. Es scheinen in der Öffentlichkeit Normen der Bescheidenheit (»norms of modestity«) zu existieren, während man im privaten Kontext recht unverblümt den eigenen Wert, den eigenen Beitrag unterstreicht und die Hilfe anderer eher kleinredet.

Neid und Neidstrukturen erkennen

Wie in den vorangegangenen Ausführungen deutlich geworden ist, handelt es sich beim Neid um eine spezifische Form der Objektbeziehung, die theoretisch sehr unterschiedlich erklärt wird. Des Weiteren wurde offenkundig, dass es sehr verschiedenen Formen von Neid gibt, es ist also diagnostisch bedeutsam, sie zu erkennen und zu unterscheiden. Gesamtgesellschaftlich und historisch hat Neid, wie im vorhergehenden Kapitel deutlich wurden, eine immense Bedeutung. Schließlich zählt Neid zu den sieben Todsünden und eine offene Äußerung ist gesellschaftlich sehr verpönt. Insofern müssen wir davon ausgehen, dass er auch im therapeutischen Kontext häufig eher versteckt bzw. in einer Abwehrformation sichtbar wird.

Diagnostisch wichtige Merkmale von Neid

Eine Patientin missgönnt anderen Frauen, dass sie Kinder haben, ein anderer Patient platzt vor Neid, wenn er mitansehen muss, wie Kollegen unbeirrt Karriere machen, während er mit jedem Chef Krach bekommt. Einem weiteren Patienten lässt der Neid auf die Geschwister keine Ruhe. Alle drei Beispiele machen deutlich, welche Phänomene beim Neid eine Rolle spielen: Der Beneidete hat etwas, was vom Neider sehr hoch bewertet wird, schätzt sich dagegen selbst als gering ein. Die Polarität zwischen Beneideten und Neider ist wichtig und ebenso der soziale Vergleich, verbunden mit einem eigenen Mangelerleben (»Ich bin schlechter dran als der andere«). Meist weiß der Beneidete gar nicht, dass er beneidet wird, oftmals bleibt der Neid nach außen stumm, zehrt aber innerlich an den Kräften (Kutter, 2002). Nicht selten berichten die Patienten auch von psychosomatischen Symptomen wie einem Stich, den man im Magen oder Brustraum verspürt (Schorn, 2003).

Für die diagnostische Einschätzung ist hilfreich, sich den Prozess der Neidentstehung und die Konsequenzen zu verdeutlichen. Die Voraussetzungen von Neid sind:

- ein Vergleich zwischen sich und anderen,
- die Wahrnehmung, dass der andere mehr hat,
- dass man sich dann inferior fühlt und Ohnmacht erlebt,
- als Konsequenz daraus Gedanken, Gefühle oder Taten des Zerstörens hat bzw. initiiert,
- die dann mit Schuldgefühlen verbunden sind.

Bei einigen Neidern ist auch das Gefühl vorherrschend, dass der andere, der so viel hat, nichts abgeben will. Dies führt nicht selten dazu, dass der Beneidete dann doch etwas abgibt, obgleich er oder sie es als nicht gerecht empfindet. So kann es zum Beispiel sein, dass gute Schüler, insbesondere Mädchen, andere von sich abschreiben lassen, weil sie mehr können, um auf diese Weise den Neid der anderen zu besänftigen. Kernberg hat beschrieben, dass der Neid ohne Schuldgefühle sehr typisch ist für narzisstische Persönlichkeitsstörungen, und bei narzisstischen Patienten deren enorme Destruktivität herausgearbeitet. Diagnostisch ist zudem wichtig, sich zu vergegenwärtigen, dass aus der Sicht der Psychoanalyse der Beneidete ein omnipotentes, idealisiertes Objekt ist (Feldman & De Paola, 1994).

Es gibt immer Unterschiede zwischen Menschen bezüglich Besitz, Aussehen, Eigenschaften. Einige dieser Unterschiede sind sozial ungerecht, das ist eine Realität, und damit ist das Konzept des Neides auch eng verbunden mit einer Art Gerechtigkeitssinn, und der Ärger von Patienten über die Ungleichverteilung ist nur zu berechtigt. Im Zuge des sozialen Vergleichs ist es aber wichtig, sich zu vergegenwärtigen, dass ein soziales Ungleichgewicht nicht immer automatisch zu Neid führt. Die meisten Leute beneiden Superreiche wie Elon Musk oder Bill Gates nicht wirklich, weil die Diskrepanz zu ihnen zu groß ist. Es muss sich bei dem Beneideten um ein erstrebenswertes und im Prinzip mögliches Gut handeln (Salovey, 1991).

Neidgefühle können eine unterschiedliche Intensität haben. Verschiedene Autoren differenzieren zwischen einem eher leichten Neid, der verschwindet, wenn die Ursache des Neides beseitigt wird, und schwerem, zerstörerischem Neid, der laut und lärmend ausagiert wird. Daniel Barth (2000) unterscheidet zwischen dem gewöhnlichen Neid, der laut, bewusst und heftig ist und sich auf Dinge bezieht, die für den Neider erreichbar sind (etwa materieller Besitz), sowie einem existenziellen Neid, der dagegen geheim, verschleiert und still ist. Die Güter, die der Neider in diesem Fall in seinen Besitz bringen will, sind nicht erwerbbar durch Arbeit, Kauf, Manipulation, Gewalt oder Raub. Er entsteht also, wenn der andere etwas hat, was man nie erreichen kann. Durch die Erkenntnis der Hoffnungslosigkeit seiner Lage entstehen im Neider Verzweiflung, Wut, Auflehnung und Hass.

Auch Peter E. Salovey (1991) differenziert zwischen leichten und schweren Formen des Neides, zwischen »nonmalicious envy« («I whish I had what you have«) und »malicious envy« (»I wish you did not have what you do«). Während in der ersteren, der leichteren Form der Motivationsgedanke und mögliche Ansporn für Leistung, Veränderung impliziert ist als mögliche Konsequenz, steht bei der schweren Form das Zerstörenwollen im Fokus. Leonard Shengold (1994) führt aus, dass der »malignant envy« eine Regression darstellt, und zwar zu den ursprünglichen mörderischen Impulsen: Jemand hat etwas, was ich nicht (mehr) habe, was er mir weggenommen, von mir gestohlen hat (hier kommt die paranoide Seite zum Ausdruck). Otto F. Kernberg (2005) hat auf verschiedene Patiententypen aufmerksam gemacht (»der unbehandelbare Patient«), bei denen Neid im Vordergrund der Symptomatik und Beziehungsgestaltung steht (dazu mehr im folgenden Kapitel).

Verschiedene Formen der Neidverarbeitung bzw. -abwehr

Der Neider versucht, durch verschiedene Methoden die ersehnte Umkehrung der Rollen herbeizuführen: durch Herabsetzung (»Die Trauben sind zu sauer«), durch Entwertung des Beneideten, durch Versuche, das beneidete Gut oder den Beneideten zu vernichten, aber auch durch Identifikation. In diesem Zusammenhang ist an Melanie Klein zu erinnern: Die Mutter repräsentiert für das abhängige und hilflose Kind den Reichtum und die Machtvollkommenheit schlechthin. Sobald die Differenzierung zwischen Innen- und Außenwelt erreicht ist, wird das Kind die enorme Fallhöhe zwischen sich und der Mutter bewusst wahrnehmen. Durch die Identifikation mit der Mutter kann man sich dieser Probleme entledigen und dem quälenden Neid ein Ende bereiten.

Für Klein war die destruktive Komponente untrennbar mit Neid verbunden. Peter Kutter (2002) unterscheidet in diesem Kontext zwischen einer Neidverarbeitung durch *Selbstschädigung* (»blass vor Neid« und »gelb vor Neid« deuten an, dass sich dies in massiven Körpersymptomen äußern kann) und einem nach außen wirkenden, wütenden Hass, einer *Fremdschädigung*: Auf mehr oder weniger versteckter Weise versucht der Neiderfüllte dem Beneideten zu schaden. Das kann sich in offenen Vorwürfen, versteckten gehässigen Bemerkungen (»Komplimenten mit Spitzen«), entwertendem Nörgeln oder auch, etwa in der Kinder- und Jugendlichentherapie beobachtbar, direkten Angriffen auf das beneidete Geschwister äußern. Damit wird aus Neid gerade das zerstört, was man braucht. Stephan Vogel (1992) nennt als Abwehrmechanismen von Neid Verdrängung und Verleugnung bzw. Verneinung, dass der andere eine begehrte Eigenschaft besitzt oder mehr hat. Auch die Vermeidung ist eine Form der Neidbearbeitung; die Patienten berichten dann, sie hätten sich zurückgezogen (Schorn, 2003).

Neid in Geschwisterbeziehungen wird häufig durch Identifizierung bearbeitet (Kast, 2004). Bei einer weiteren Verarbeitungsform, der Idealisierung, akzeptiert man, dass der Beneidete Dinge und Eigenschaften besitzt, die man selbst nicht hat. Abwertung ist, wie erwähnt, ein weiterer häufiger Verarbeitungsmechanismus (»Er ist zwar reich, hat aber keinen Geschmack«, »Sie ist zwar hübsch, aber dumm«). Subtilere Formen der Neidverarbeitung durch Abwertung stellen Komplimente mit Spitzen dar (»Du hast aber toll abgenommen«). Auch das berühmte »Haar in der Suppe« hat etwas mit Neid zu tun (Schorn, 2003). Man kann Neid auch als Ausdruck und Folge einer narzisstischen Bedrohung verstehen, wobei das Gut des anderen das eigene Selbstwertgefühl unterminiert. Die Überzeugung, wertvoll zu sein, schützt vor Neid.

Wenig beachtet wurde, dass auch Bewunderung mit Neid assoziiert bzw. eine Form der Neidverarbeitung sein kann. Rolf Sandell

(1993) hält die Bewunderung (»admiration«) für eine besonders komplexe Form der Verarbeitung, weil sie unter anderem dazu führen kann, dass man sich anstrengt und motiviert ist, sich zu verändern (»A more complex use of admiration against defense is to transform envy into ambition«, Sandell, 1993, S. 1217). Der Bewunderte ist ein Modell für die eigene Veränderung (Laverde-Rubio, 2004). Hier kommt auch der Narzissmus ins Spiel: »In normal narcissm, relative deprivation provides an opportunity for the subject to identify with the other and, in admiration, vicariously enjoy the good« (Sandell, 1993, S. 1218). Im Gegensatz dazu ist Idealisierung eher ein Prozess der Strukturbildung, des Strukturaufbaus, und weniger eine Abwehr (Mittelsten Scheid, 1995).

Eine besondere Form der Neidverarbeitung ist die altruistische Abtretung, ein Abwehrmechanimus, der von Anna Freud beschrieben und auch von ihr praktiziert wurde. Angebliche Bedürfnislosigkeit, der asketische Verzicht auf Dinge und die »Förderung des Glücks« anderer stehen im Vordergrund. Solche Phänomene finden wir recht häufig in Psychotherapien. Anna Freud sah in der Romanfigur des Cyrano de Bergerac den Prototyp dieses Abwehr- und Kompensationsmechanismus: Der sich als hässlich erlebende Cyrano verhilft seinem Freund zu einer Beziehung mit einer Frau, die er selbst liebt, bei der er sich aber keine Chancen ausrechnet. In diesem Kontext ist auch auf eine Strategie hinzuweisen, sich vor dem Neid der anderen zu schützen: Der Beneidete führt bewusst ein Missgeschick herbei, um sich statt Neid Mitleid einzuhandeln (Schorn, 2003).

Differenzierung zwischen Neid, Eifersucht und Gier

Es ist sinnvoll, sich die Unterscheidung von Melanie Klein, die ich im ersten Kapitel geschildert habe, zu vergegenwärtigen und auch mit den Patienten an dieser Differenzierung zu arbeiten. Das Erkennen von Neid und seiner genauen Wirkungsweise ist wichtig. Melanie Klein hatte herausgearbeitet, dass der spezifische Zug einer neidischen Attacke darin besteht, das Gute anzugreifen (in ihrer Konzeption sogar: es zu töten), weil es gut ist und weil es nicht ertragen wird, dass jemand das Gute besitzt. Léon Wurmser (2006) ist aufgefallen, dass in vielen Therapien und Supervisionen Neid ein großes Gewicht hat und damit mehr Beachtung fand als Dreiecksbeziehungen und damit die Eifersucht. Neid ist also klinisch sehr bedeutsam, und die Neidbearbeitung ein wichtiges therapeutisches Ziel.

Über ein weiteres wichtiges Konzept, über Gier, gibt es nur sehr wenige Beiträge (Kutter, 2002). Es wurde bereits beschrieben, dass Gier in Lebensbedingungen mit einem sehr stark erlebten Mangel entstehen und letztlich zu völliger Zerstörung des guten Objektes führen kann.

Für Eifersucht ist die Furcht charakteristisch, den Partner oder einen Elternteil zu verlieren. Man kann zwischen antizipatorischer (verdächtigender) Eifersucht und *Fait-accompli*-Eifersucht unterscheiden (Hupka & Otto, 2000). Obwohl Neid und Eifersucht einige gemeinsame Merkmale haben, gibt es, und das ist diagnostisch bedeutsam, unterschiedliche Gefühle, die beiden zugeordnet werden. Für Neid sind Gefühle der Inferiorität, Unzufriedenheit, Selbstkritik, Wünsche oder der Wunsch, sich zu verbessern, charakteristisch; für Eifersucht dagegen sind eher Gefühle wie Misstrauen, das Gefühl, zurückgewiesen zu sein, Feindseligkeit, Wut auf andere, Angst vor Verlust und Verletztsein charakteristisch (Vogel, 1992).

Diagnostisch bedeutsam ist es ferner, sich zu vergegenwärtigen, dass es negative Emotionen gibt, die in Therapien vorkommen und deren direkter Vorläufer der (verborgene) Neid ist. Dazu zählt die Schadenfreude. Mitgefühl, wenn andere leiden, ist keineswegs selbstverständlich, allerdings wird die Schadenfreude eher verbogen. Zunächst ist interessant, zu analysieren, in welchen Bereichen, gegenüber welchen Personen ein Patient Schadenfreude empfindet. Man wird häufig feststellen, dass der Patient meint, dass der andere vermeintlich mehr hat, etwas besser kann und nun von einem Unglück, einem Missgeschick, einem Verlust betroffen ist (Leach et al., 2003). Neid ist eines der wesentlichen Hindernisse, weshalb man, wenn einem anderen ein Missgeschick passiert, nicht Empathie und Hilfsbereitschaft, sondern Schadenfreude empfindet (Hareli & Weiner, 2002).

Der Neid, dass der andere mehr hat und nun »geschädigt« wird – dies sind unverkennbar Bestimmungsstücke in der Konzeption von Melanie Klein, die deutlich gemacht hat: Es geht dem Neidischen um das Verderbenwollen, und bei der Schadenfreude hat jemand anderes den Job des Verderbenwollens übernommen, der Patient selbst ist nicht der »Täter«. Diese Verschiebung kann man verstehen und deuten, vor allem aber den dahinterstehenden Neid. Auch die Unfähigkeit, zu vergeben, tritt häufig im Kontext von Neid auf (Exline et al., 2004). Sie wird mit narzisstischen Persönlichkeitszügen in Verbindung gebracht, zum Beispiel mit narzisstischer Grandiosität und eben Neid.

Die Unterscheidung zwischen reifer und unreifer Dankbarkeit

Im weiteren Verlauf einer Therapie kann es wichtig sein, sich mit Dankbarkeit und deren verschiedenen Äußerungsformen zu beschäftigen. Das Bedürfnis des Patienten, die erhaltene Hilfe abzuwerten, kann auch ein Ergebnis des Neides sein. Der neidische Patient missgönnt dem Therapeuten den Erfolg, was eine sogenannte »negative therapeutische Reaktion« nach sich ziehen kann (Freud, 1937; Klein, 1957).

Das Konzept der Dankbarkeit, das Melanie Klein in engem Zusammenhang mit dem Neid beschreibt, ist im therapeutischen Kontext sehr wichtig. Frank (1986) schildert narzisstische Fallen der Dankbarkeit in Therapien und unterscheidet zwischen reifer und unreifer Dankbarkeit. Reife Dankbarkeit entstehe aus dem Erkennen und Empfinden eines Mangels und der Anerkennung, dass jemand anderes dabei helfen kann. Reife Dankbarkeit sei zu unterscheiden von Höflichkeit, Pflichtgefühl und Selbstlosigkeit. Die Kassenfinanzierung der Behandlung macht die Therapie und das Helfen des Therapeuten nicht mehr länger zu einem Geschenk, das der Patient annehmen muss und das ihn vielleicht kränkt, weil es ein Hinweis auf die eigene Bedürftigkeit und Unzulänglichkeit ist, sondern zu einer Arbeitsbeziehung. Der Therapeut ist also nicht mehr länger in einer selbstlos versorgenden Mutterrolle. Unreife Dankbarkeit zeigt sich häufig als Widerstand in der Therapie.

Sowohl im Schenken als auch in der Dankbarkeit kann sich eine narzisstische Störung offenbaren. Das verführende Geschenk soll letztlich zur Abhängigkeit und Bewunderung gegenüber dem Spender führen. Sowohl der sehr dankbare als auch der undankbare Patient sollten uns zum Nachdenken bringen: Der sehr dankbare Patient wird sich selbst in einer unterwürfigen, auf Hilfe angewiesenen Position halten, vielleicht sogar die »Flucht in die Gesundheit« antreten. Der sehr undankbare Patient entwertet jede Hilfe und hat ein tiefes Misstrauen gegenüber Helfern, da diese letztendlich als Repräsentanten der gehassten und gefürchteten Eltern-Imagines in der Übertragung reaktiviert werden.

Andere undankbare Patienten können letztlich in Allmachtsfantasien verhaftet sein: »Sein Größenselbst ermöglicht es ihm, zu verleugnen, daß er vom Analytiker abhängig ist« (Kernberg, 1975, S. 894). Entsprechend sind narzisstische Wut und Neid auf den Therapeuten und die daraus entstehenden Schuldgefühle häufig zu beobachten. Diese Patienten können nicht dankbar sein, weil sie alles allein machen und sich von niemandem helfen lassen wollen sowie zu beweisen versuchen, dass ihnen niemand helfen kann. Sie demonstrieren dem Therapeuten wieder und wieder, dass die Therapie nichts bewirkt hat. Eine größere Fähigkeit zur Dankbarkeit geht nach Kernberg (1975) einher mit einer Besetzung des realen Selbst, indem man wahrnimmt, dass man den anderen braucht.

Neid im Kontext extremen Mangels

Melanie Klein hat Neiderlebnisse lediglich auf der inneren Bühne verortet, wir sehen heute eher eine Balance zwischen innerer und äußerer Welt, in der es fraglos zu vielen Unterschieden und Ungerechtigkeiten kommt. Hier ist das Konzept der relativen Deprivation von Rolf Sandell (1993) hilfreich: Es handelt sich nicht um ein objektives Faktum der Deprivation, sondern um eine subjektive, intrapsychische Erfahrung, wo und wie man sich benachteiligt, zu kurz gekommen fühlt. Sie impliziert einen Vergleich mit den internalen Objekten, nicht mit der äußeren Realität.

Allerdings: Soziologische Vergleiche zeigen, wie oben schon erwähnt, dass es keine Kultur ohne eine Neidproblematik gibt, und sie ist bei sozialer Ungleichheit besonders groß. Man sollte im therapeutischen Kontext also die gesellschaftliche Dimension von Neid nicht vernachlässigen: Neid entsteht auch durch reale soziale Ungerechtigkeiten, und er kann durchaus berechtigt sein (Kutter, 2002; Wirth, 2022). Ein Mensch, der eine extrem belastete Kindheit hatte, kann sich zum chronischen Neider entwickeln, aber das ist durchaus nicht bei allen Menschen, die soziale Ungerechtigkeit und einen extremen Mangel erlebt haben, der Fall. Besonders bei alten und hochaltrigen Patienten erlebt man immer wieder, dass sie extremen Mangelsituationen und Belastungen ausgesetzt waren. Hier ist das Gefühl des Zu-kurz-gekommen-Seins berechtigt und sollte nicht psychologisch gedeutet werden.

> Ich erinnere mich an einen hochaltrigen Patienten, der erzählte, dass er einige Jahre nach dem Krieg und einer Gefangenschaft in Russland als Heimkehrer in seine Familie zurückkehrte. Seine Familie war aus Schlesien geflüchtet, beide Brüder waren im Krieg gefallen, und auf der Suche nach dem, was von seiner Familie noch übriggeblieben war, landete er bei seiner Schwester, die inzwischen geheiratet hatte und in Westdeutschland lebte. Übergangsweise war er bei seiner Schwester untergekommen, die nicht sehr begeistert darüber war. Niemand hatte mit diesem zusätzlichen Esser gerechnet. Allabendlich wurden an allen Broten Einkerbungen vorgenommen, damit, falls er abends oder nachts heimlich aufstünde in seinem Hunger und von dem Brot der anderen nehmen würde, man genau sehen könnte, dass er das war.

Neid – ein weibliches Problem?

Die gesellschaftliche Bedeutung von Neid unter Männern ist ein Aspekt, der auch von psychoanalytischer Seite in den Arbeiten von Horst-Eberhard Richter (2005) deutlich wird, insbesondere der Neid des Sohnes auf den mächtigen Vater, was aufgrund der früheren autoritären Strukturen besonders verständlich ist: Der Vater hatte alles – der Sohn nichts. Sigmund Freud hatte dagegen in seiner Theorie der psychosexuellen Entwicklung *der Frau* den Neid attestiert – als gewachsenen Felsen, der sie ein Leben lang begleitet. Tatsächlich wurde immer wieder Neid als etwas typisch Weibliches gesehen (Ellman, 2000).

Hier ist diagnostisch wichtig, auf verborgene Aspekte des Neides zu achten, denn Aggressionen unter Frauen sind ein stark tabuisiertes Thema, das erst von Margarete Mitscherlich-Nielsen

(1975) in der »friedfertigen Frau« konterkariert wurde. Es scheint schwierig für Frauen zu sein, feindselige Gefühle zu ertragen oder überhaupt wahrzunehmen und in der Therapie zu formulieren. Hinter der so »friedfertigen« Haltung verbirgt sich oftmals eine versteckte und daher auch stark gestaute Aggressivität bzw. eine entsprechende Abwehr dieser Aggressivität.

Phyllis Grosskurth (1998) beschreibt neidvolle Beziehungen zwischen ihrer Mutter und deren vier Schwestern: Jede von ihnen rief ihre Mutter, Grosskurths Großmutter, wöchentlich an, um über die anderen zu klagen. Geheimnisse, versteckte Abwertungen und Allianzen bestimmten das Familienklima, und Grosskurth brauchte lange, bis sie verstand, dass das, was ihre Mutter schilderte, ein extremes Beispiel von Neid unter Schwestern war, der sich aus der Kinderzeit bis ins Erwachsenenalter fortsetzte. Sehr enge, neidvolle Beziehungen unter Schwestern sind oft Thema in psychodynamischen Therapien (Seiffge-Krenke, 2017c, S. 844):

> »Mir ist noch sehr eindrücklich eine Analysepatientin in Erinnerung, die aus einer Familie mit vier Mädchen stammte. Sidonie war die älteste von vier Schwestern, die in kurzem Altersabstand von ein oder zwei Jahren geboren worden waren. Ihre Mutter hatte als sehr junge Frau einen wesentlich älteren Mann und stadtbekannten ›Hallodri‹ geheiratet. In schneller Folge wurden die vier Töchter geboren.
>
> Die Patientin hatte in der Familie die Rolle der älteren, zuverlässigen, aber auch dummen Tochter neben den attraktiven jüngeren Schwestern inne. Sie beschrieb lebhaft den starken Vergleich der Mädchen untereinander und den Neid unter den Schwestern. Angeblich schnitt die Mutter bei Tisch das Essen ›klein wie Köder‹ und jede der Töchter fühlte sich immer hungrig und schielte auf die Teller der Schwestern. Auch maßen die Mädchen regelmäßig den Umfang ihrer Oberschenkel und verglichen, wer die dünnste war. Natürlich war gleichzeitig der Vergleich mit der Mutter sehr wichtig, aber deren Gewicht und ihre Körpermaße waren ein Geheimnis. Ihre Mutter nähte in die Kleider ihrer Töchter deren Namen, und es war den Schwestern bei Strafe verboten, die Kleider untereinander zu tauschen. Der ›verführerische‹ Vater dagegen wandte sich jeder seiner Töchter nur kurz als kleines Kind zu und verlor dann rasch das

Interesse an ihnen. Keiner der Töchter war es gelungen, seine dauerhafte Zuneigung zu gewinnen. Für die Patientin war es sehr beschämend, dass ihre körperliche Reife relativ spät einsetzte und sie ihre Periode erst nach ihrer jüngeren Schwester bekam.

In den ersten rund hundert Stunden der Analyse schilderte die Patientin dramatische Familienszenen und erzählte viel vom Neid unter den Schwestern, der sehr engen und hoch ambivalenten Beziehung zur Mutter und zum verführerischen Vater. Die Stunden waren drangvoll mit Material gefüllt, und die Patientin redete viel über Konkurrenzen zu anderen Frauen, zu ihren Schwestern, zu Freundinnen und zu ihrer Mutter. In einer Atmosphäre von Wut, Hass, Neid und Vernachlässigung rechnete sie mit allen Frauen der Umgebung ab und nahm dann immer deutlicher mich, ihre Therapeutin, aufs Korn.«

Schwestern scheinen für die Identitätsbildung von Mädchen und Frauen besonders wichtig zu sein (Seiffge-Krenke, 2022), dies gilt auch für die sexuelle Identität und die weibliche Geschlechtsrolle. Mädchen probieren mit ihren Schwestern ihre Körperlichkeit aus. Das Ausleihen von Kleidungsstücken und Vergleiche über körperliche Veränderungen während der Reifezeit sind vielfach belegt (Seiffge-Krenke, 2017a).

Neiderregung, Narzissmus und neue Medien

In letzter Zeit hat die Anzahl von Hasskommentaren auf Frauen im Internet zugenommen, hier fühlt man sich an das zum »Gebärneid« Beschriebene erinnert, also an Neid auf die prokreativen Fähigkeiten von Frauen bei gleichzeitiger Abwertung.

Neid unter Freunden, Komplimente mit Spitzen und ständige Vergleiche sind Phänomene, die häufig Themen sind in Therapien und durch die neuen Medien Facebook, Instagram und Tiktok sehr angeheizt werden (Meier & Johnson, 2022). Eine besondere Rolle spielt dabei das Posten von Selfies und Gruppenfotos, die bearbeitet und geschönt werden und besonders als »Neiderreger« gelten. Dies ist keineswegs auf Frauen begrenzt, sondern wird auch bei Männern mit Narzissmus und Neiderregung in Verbindung gebracht, allerdings sind Frauen hier besonders empfänglich und reagieren mit psychischen Befindlichkeitsstörungen wie Depressionen auf den ständigen Druck und die sozialen Vergleiche. Auch ihr unbedingter Wunsch, dazuzugehören (»need to belong«), ist fatal und führt zu starker Abhängigkeit von Kommentaren in den sozialen Medien mit massiven Auswirkungen von Cyberbullying auf sie (Shanahan et al., 2023).

Tatsächlich hat das Thema »Neid unter Frauen« in der neueren psychoanalytischen Literatur viel Beachtung gefunden (Reenkola, 2022). Janna Sandmeyer (2018) schildert den Neid unter Freundinnen und arbeitet den Zwiespalt von Frauen heraus, einerseits unterstützend zu sein, andererseits aber auch viel Neid zu erleben und diese aggressiven Gefühle verbergen zu müssen. Beneidet werden aber nicht nur das Aussehen, die Figur, sondern auch die prokreativen Fertigkeiten. Carolyn S. Ellman (2000) schildert Fallvignetten, die belegen, dass neidische Patientinnen durch idealisierte Schilderungen ihrer Partner versuchen, die Therapeutin neidisch zu machen, dass diese Patientinnen ständig auf der Suche nach Zeichen von Neid bei ihren Therapeutinnen sind (also ihren eigenen Neid projektiv verarbeiten). Insbesondere wenn die Patientinnen schwanger sind, steht der (von ihnen fantasierte) Neid der Therapeutin auf das Baby im Vordergrund – sie können sich gar nicht an der Schwangerschaft erfreuen, sondern sind mit dem projizierten Neid auf die Therapeutin beschäftigt. Bei der Therapeutin entsteht das Gefühl, die Patientinnen wollen sie insgesamt ruinieren, »kaputtmachen« (was für die Neidthematik der Patientinnen spricht).

Sehr aufschlussreich sind auch Verhaltensweisen in Gruppentherapien. Rosemarie Barwinski Fäh (1992) hatte in Frauengruppen einen gewissen Zwang zur Gleichheit bemerkt, es durfte nicht von der Gruppenmeinung abgewichen werden. Wenn eine Frau dies dennoch tat, wurde sie oft rüde zurückgewiesen. Sie beobachtete eine gewisse Scheu von Frauen, sich in Szene zu setzen. Es scheint so zu sein, dass sie mehr Schwierigkeiten haben, Unterschiede zu ertragen und keine darf besser sein als die andere, um keine Konkurrenz, keinen Neid aufkommen zu lassen.

Ein anderes Beispiel aus dem Alltag ist der Neid der berufstätigen Mutter auf nicht berufstätige Mütter und umgekehrt. In Gesprächen war Barwinski Fäh aufgefallen, dass es für die nichtberufstätige Mutter sehr neidbeschwichtigend sein kann, wenn sie einer berufstätigen Mutter Schwächen oder Fehler in der Kindererziehung nachweisen kann. Durch diese »Schwäche« befinden sich beide wieder auf dem gleichen Niveau. Das Ertragen von Differenzen scheint für Frauen schwierig zu sein (Scheid, 1995).

Neid in besonderen Geschwisterkonstellationen: das »Ersatzkind«

Es gibt Geschwisterkonstellationen, die besonders anfällig für Neid sind, insbesondere wenn Eltern nicht differenzieren (etwa bei Zwillingen) bzw. die Kinder ungerecht behandeln. Eine weitere Konstellation für (stark verborgene) Neidgefühle findet man bei »Ersatzkindern«. Es handelt sich nach Mathias Hirsch (1999) um Kinder, deren Geburt der Tod eines Geschwisters vorausgegangen war und die dieses tote Kind für die Eltern ersetzen sollen. Bei der folgenden Fallschilderung (Seiffge-Krenke, 2009, S. 247ff.) handelt es sich um eine Familie mit einer chronisch kranken Jugendlichen aus einer Längsschnittstudie. Die Patientin wurde als Baby adoptiert, nachdem die Adoptiveltern erfolglos versucht haben, selbst Kinder zu bekommen.

> »Sophie ist seit sechs Jahren an Diabetes erkrankt und hat einen sehr schweren Diabetesverlauf mit starken Blutzuckerschwankungen und vielen Klinikeinweisungen. Diese häufige, lebensbedrohliche Zuspitzung des Diabetes ist für uns zunächst unerklärlich; wir verstehen nicht, wieso es nicht gelingt, den Diabetes besser unter Kontrolle zu halten.
>
> Während des gesamten Gesprächs fällt der Interviewerin auf, dass eine eigenartige Atmosphäre von großer Freundlichkeit, aber auch starker Distanz herrscht. Man fühlt sich etwa so wie ›in Watte‹. Auffällig ist auch, dass auf dem Esstisch der Familie und auf verschiedenen Regalen im Wohnzimmer Bilder von einem Baby stehen, das in einem Brutkasten liegt. Es handelt sich um alte, sehr verblichene Bilder. Auf Nachfragen hin stellt sich heraus, dass beide Töchter adoptiert, aber leibliche Geschwister sind und dass die Adoptivmutter selbst Diabetes hat. Die Eltern haben zwei leibliche Kinder durch den Diabetes

der Mutter verloren, das eine am Ende der Schwangerschaft, das andere kurz nach der Geburt, und haben darunter sehr gelitten.

Die älteste Adoptivtochter, Sophie, hatte schon mehrmals lebensgefährliche Azidosen. Die Eltern bringen dies mit dem Ende der Remissionsphase des Diabetes in Zusammenhang. In unseren Fragebogen gibt die Tochter Suizidgedanken an, die Mutter sexuelle Probleme und der Vater eine Vielzahl psychosomatischer Beschwerden. Es scheint Sophies Problem zu sein, dass sie glaubt, etwas Gutes von der Mutter vielleicht nur als totes Kind zu bekommen (›Nur ein totes Kind ist ein gutes Kind‹). Offenkundig fühlt sie sich nicht geliebt, die pathologische Trauer der Eltern ist unübersehbar. Sophie wirkt sehr depressiv, ihre Aktivität ist stark gebremst.

Es ist generell auffällig, dass viele Personen immer wieder die Familie besuchen oder kurzzeitig bei ihr wohnen. Es scheint fast so zu sein, als müssten immer neue Personen in die Familie eingeführt werden, um aggressiven Spannungen nicht aufkommen zu lassen, als hielten sie es sonst gar nicht miteinander aus. In dieser Pseudogemeinschaft mit nicht sehr viel Nähe scheint es für Sophie nur den Suizid als Lösung zu geben, mit dem sie sich intensiv auseinandersetzt. Auch ihre lebensgefährlichen Azidosen, die die Familie nicht mit den Suizidgedanken in Verbindung bringt, sind Ausdruck ihres massiven Wunsches, zu sterben.«

Bei dieser Familie wäre es sinnvoll, entweder in einer Familientherapie oder in einer Einzeltherapie von Sophie mit begleitender Elternarbeit das Problem des (ungeliebten) Ersatzkindes aufzuarbeiten, denn beide Eltern, aber insbesondere Sophie sind durch die unausgesprochenen Spannungen und Konflikte sehr beeinträchtigt. Sophie fühlt sich möglicherweise schuldig, weil sie ihre Adoption dem Tod eines Geschwisters verdankt.

Auch für andere Ersatzkinder ist das Problem, dass sie ihr Leben scheinbar dem Tod eines anderen Kindes verdanken, sehr virulent. Neidäußerungen müssen unterdrückt werden. Und wie kann man mit einem (toten) Kind um die Liebe der Eltern konkurrieren, wo doch die Liebe der Eltern weitgehend dem toten Kind gilt?

Bei Patienten mit behinderten und kranken Geschwistern können besondere Formen von Neid auftreten. Aufwachsen mit behinderten oder psychisch und körperlich kranken Geschwistern ist für Patienten eine große Herausforderung. Nicht selten sind sie parentifiziert worden und mussten jahrelang ertragen, dass die Eltern nur mit dem erkrankten, psychisch oder körperlich beeinträchtigten Kind beschäftigt waren und keine Augen für sie hatten. Auch die weitere Entwicklung kann beeinträchtigt sein, weil die Funktion des erkrankten Geschwisters, insbesondere wenn es ein psychisch erkranktes Geschwister ist, für die Identitätsentwicklung oftmals entfällt, wie Sandra N. Deal und William E. Maclean (1995) in Familien mit einem psychotischen, depressiven oder an einer Angst- bzw. Persönlichkeitsstörung erkrankten Kind beobachtet haben. Das ist therapeutisch mitzudenken. Eine offene Äußerung von Neid ist schwer, weil soziale Normen dies zu verbieten scheinen und Schuldgefühle wegen der eigenen Gesundheit vorliegen mögen. Folgendes Fallbeispiel stammt wiederum aus meiner Längsschnittstudie, in der wir die Familien zu Hause aufsuchten (Seiffge-Krenke, 2009, S. 242ff.):

> »Die Familie besteht aus Vater, Mutter, dem 14 jährigen an Diabetes erkrankten Sohn und seiner 18-jährigen Schwester. Der Vater nimmt, genau wie beim Erstgespräch, entgegen seinem Versprechen nicht am nächsten Gespräch teil, obwohl für ihn ein extra später Termin ausgemacht worden war. Die Familie wartet die ganze Zeit auf sein Kommen. Am Schluss des Interviews ruft er an und fragt, ob sein Kommen jetzt wirklich dringend erforderlich sei.
>
> Das Verhältnis der Geschwister zueinander ist äußerst schlecht. Auch während des Interviews streiten sie sich pausenlos, der Geschwisterneid bestimmt über weite Strecken thematisch das Interview. Konkret sehen die Vorwürfe so aus, dass die Schwester sich durch die Sonderrolle des jüngeren Bruders extrem benachteiligt fühlt. Die Tochter wirft der Mutter vor, dass sie immer nur zum Sohn halte, dieser sei verwöhnt und entziehe sich jeglicher Verpflichtung. Mutter und Sohn verteidigen sich gegen diese Vorwürfe. Allerdings erscheinen der Interviewerin die Vorwürfe doch gerechtfertigt anhand der Beispiele, die die Tochter erzählt, aber auch angesichts dessen, wie

sich die Geschwister im Interview zueinander verhalten. Auffällig ist, dass im Wohnzimmer ein riesengroßes Bild des Sohnes steht, ein mittelgroßes vom Hund der Familie und ein winziges Passfoto von der Tochter, das mit im Rahmen des Hundebildes steckt. Die Tochter ist sehr verbittert und scheint unter einem starken Leidensdruck zu stehen. Sie kann sehr klar und reflektiert über ihre und die familiäre Situation sprechen, während dies dem Bruder nicht gelingt.

Beim Erstgespräch berichtete die Mutter, dass sie seit der Erkrankung ihres Sohnes unter ständigen Beruhigungsmitteln stehe. In der Familie scheint es wenig Grenzen zu geben. Besonders die Generationsgrenzen sind völlig verwischt bzw. nicht existent. Die Eltern bestimmen wenig. Der Sohn gibt den Ton an und setzt mit seinen Schwankungen in der metabolischen Kontrolle die gesamte Familie unter Druck.

Das Genogramm, das der Sohn malt, macht die Familienkonstellation deutlich. Er malt seine Mutter und seinen Vater dicht beisammen, aber ohne jede Verbindungslinie. Von der Mutter zieht er einen Strich zu sich herunter, vom Vater zieht er einen Strich zu seiner Schwester. Beide Geschwister sind weit voneinander entfernt und ohne Verbindung zueinander. Der Schwester zufolge stellt das Genogramm die Familienbeziehungen völlig zutreffend dar. Ihre nähere Beziehung zum Vater sieht sie als notgedrungen an, weil die Mutter ausschließlich mit ihrem Bruder beschäftigt sei. Mit dem Vater habe sie zwar keine Konflikte, er sei aber auch nie zu Hause. Während des gesamten Gesprächs streiten sich die Teilnehmer ausgiebig und ohne Hemmungen vor der Interviewerin. Thema sind der Geschwisterneid und die ewigen elterlichen Ungerechtigkeiten. Eine Lösung kommt nicht zustande. Angebote für psychotherapeutische Gespräche im Sinne einer Familientherapie lehnt die Familie ab.«

Sensibilisierung für Neid als Ursache des Geschwisterinzest

Therapeutisch sind nicht nur die Lernprozesse zwischen Geschwistern zu beachten und zu fördern und damit eine wesentliche

Ressource zu unterstützen, es ist auch auf inzestuöse Unterströme zu achten. Die Bindung zwischen Geschwistern intensiviert, wenn andere emotional befriedigende Beziehungen fehlen, insbesondere zu den Eltern. Dieses *Hänsel-und-Gretel*-Phänomen kann homoerotische und inzestuöse Unterströmungen haben. Der häufig etwas bagatellisierenden Darstellung von sexuellen Beziehungen unter Geschwistern (»Doktorspiele«) tritt Petra Zill (2023) in ihrer Übersicht über sexualisierte Gewalt unter Geschwistern energisch entgegen. Zunächst belegt sie, dass sich sexualisierte Gewalt unter Geschwistern deutlich abgrenzen lässt von altersspezifischem Explorationsverhalten, das mit wechselseitiger Zustimmung erfolgt. Des Weiteren arbeitet sie heraus, dass es sich offenkundig um ein in der Häufigkeit stark unterschätztes Phänomen handelt. Auch Juliet Mitchell (2003) hat von psychoanalytischer Seite auf den unterschätzten Zusammenhang zwischen sexuellen Handlungen und Gewalt bei Geschwistern hingewiesen.

Diese Phänomene wurden früh bemerkt, jedoch nicht aufgegriffen (Finkelhor & Williams, 1988). Vielmehr trug die Bagatellisierung vom Geschwisterinzest in den folgenden Jahren dazu bei, dass es lange dauerte, bis man Kriterien zur Differenzierung zwischen sexuellen Übergriffen und entwicklungstypischem Sexualverhalten definierte. In der Forschung geht man inzwischen davon aus, dass in Familien sexualisierte Übergriffe unter Geschwistern fünfmal häufiger vorkommen als sexueller Missbrauch durch Väter oder andere Partner der Mutter (Fegert et al., 2015). Zu den Risikofaktoren zählen große Familien, das heißt eine große Anzahl von Geschwistern bei weitgehend emotional wenig fürsorglichen Eltern, ein sexuell stimulierendes oder puritanisches Familienklima und die elterliche Bevorzugung eines Geschwisters – ein Faktor, der im Kontext von Neid, Neidbearbeitung und Neidabwehr besonders relevant ist (Egle et al., 2015). Die elterliche Bevorzugung ist insofern folgenreich, als sich das zurückgesetzt fühlende Geschwister am »Liebling« von Mutter oder Vater rächen könnte. Macht und Machtausübung als Motive für sexualisierte Gewalt sind besonders bei Söhnen gegenüber den jüngeren Schwestern bekannt.

Zill (2023) schildert auf der Basis ihrer Literaturrecherche den Fall des 14-jährigen Kevin, der seine siebenjährige Schwester missbrauchte. Kevin ist für sein Alter zu klein und konnte dem sportlichen Ehrgeiz seines Vaters nicht gerecht werden. Er wurde von den Eltern mit der Betreuung der Schwester beauftragt, in diesem Kontext geschah der Missbrauch. Zill hebt hervor, dass Kevin voller Neid und Wut ihr gegenüber war, da sie von den Eltern favorisiert wurde. Sie sei laut, herrisch und dominant und würde von den Eltern mit Geschenken belohnt, selbst wenn sie sich schlecht benommen habe, so der Bruder.

Die wenigen Fälle, die dokumentiert und untersucht wurden, zeigen einige Besonderheiten sexuell übergriffiger Schwestern im Vergleich zu sexuell übergriffigen Brüdern (Taylor, 2003). Geschwisterinzest unter Schwestern tritt ganz besonders häufig dann auf, wenn sich die Täterin an der durch die Eltern bevorzugten Schwester rächt. Ein typisches Opfer ist ein drei oder vier Jahre jüngeres Kind, das von den Eltern favorisiert wird und dem die besondere Zuneigung der Eltern (auch in Form von Verwöhnung und Geschenken) zuteilwird. Nach diesen Beobachtungen gilt es als gesichert, dass sich sexuell übergriffige Schwestern überwiegend (zu rund 77 Prozent) an Schwestern, die die »Lieblingskinder« sind, vergreifen. Toni C. Johnson (1998) vermutet, dass man sich durch den Gewaltakt am Geschwister auch an den Eltern rächen wolle. Therapeutisch ist es wichtig, sich diese Zusammenhänge zu verdeutlichen und für eine möglicherweise vorhandene sexualisierte Gewalt unter Geschwistern, bei der Neid ein Auslöser ist, sensibel zu sein.

Neidbearbeitung in Psychotherapien

Neid kommt in vielen therapeutischen Behandlungen vor. Es gibt zudem Krankheitsbilder, bei denen offen oder versteckt geäußerte Neidgefühle besonders auffällig sind, dazu zählen etwa Persönlichkeitsstörungen, aber auch Arbeitsstörungen wie Prokrastination. Ein erster Schritt in der Neidbearbeitung ist die Bewusstmachung des oftmals versteckten oder durch Abwehr unkenntlich gemachten Neides.

Bewusstmachung von Neid und Formen der Neidverarbeitung

In unserer Gesellschaft ist das Konkurrenzdenken tief verankert, dennoch sind offene Neidäußerungen gesellschaftlich und sozial eher tabuisiert. Es ist also verständlich, dass Patienten ungern offen über »das gelbe Gefühl« sprechen, insbesondere dann, wenn der Neid im Kontext familiärer oder beruflicher Bedingungen entstanden ist, wo Ungleichbehandlung und ein Gefühl des Zukurz-gekommen-Seins offensichtlich sind bzw. von Patienten so erlebt werden. Die spätere Erinnerung an aggressive Impulse gegenüber Geschwistern ist meist schambesetzt, oft von Schuldgefühlen begleitet, daher ist hier besonders mit Abwehrprozessen zu rechnen.

Wir wissen, dass Neid zu einem mächtigen Antrieb für soziale Ambitionen eines Menschen werden kann (Ludin, 2003). Heftiger Neid zerstört die Freude an der Befriedigung, worauf schon Melanie Klein hingewiesen hat (vgl. Kap. »Die Neidkonzeption von Melanie Klein: ›Envy and Gratitude‹«). Die Formulierung »Neid vergiftet« greift auf, dass das Verderbenwollen eng mit dem Neid verbunden ist. Der Neid verdirbt, zumindest vorübergehend, die Freude an der Leistung (Kast, 2004). Mitfreude dagegen wirkt eher stimulierend.

Neid hat also zwar auch positive Funktionen, indem er etwa zur Leistung animiert, aber vor allem negative Auswirkungen. Geschwisterbeziehungen werden in therapeutischen Situationen häufig auf Liebe und Hass im Dreieck der Eltern interpretiert und gedeutet. Eine genauere Betrachtung und Wertschätzung der horizontalen Perspektive mit all ihren Vergleichen, ihrem Neid und dem Rivalisieren enthält aber ein großes Entwicklungspotenzial, ist identitätsbildend und fördert die Konfliktfähigkeit. Wichtig ist zudem eine Unterscheidung in verschiedene Neidformen, hier ist die Unterscheidung zwischen dem frühen oralen Neid, der sich meist auf die horizontale Ebene, die Geschwisterebene bezieht, und dem ödipalen Neid. Der ödipale Neid wird meist durch Identifizierung mit einem Elternteil gebunden.

Da der Neid verdirbt, verhindert er eine Introjektion der guten Anteile des Objekts (Segal, 1974). Von daher ist die Neidbearbeitung ein wichtiges therapeutisches Ziel, sodass wir auch den Patienten verdeutlichen sollten: Wenn es nicht gelingt, den eigenen Neid zu bearbeiten, berauben sie sich der Möglichkeit, sich mit dem eigenen Mangelerleben auseinanderzusetzen und auf diese Art eine wirkliche Weiterentwicklung zu erfahren. Die Schwierigkeit liegt darin, dass man sich oftmals der zerstörerischen Wirkung von nicht direkt erlebten und deshalb auch nicht kontrollierbaren Neidaffekten auf Kreativität und soziale Beziehungen nicht bewusst ist. Die Bewusstmachung ist aber vor allem dann eine Voraussetzung, wenn man die schädliche Wirkung auf Beziehungen und das Selbst verdeutlichen möchte, etwa durch Leistungsverweigerung, Rückzug, die Entwicklung einer Verbitterungsstörung, oder eines Anspruchs an ständige Versorgung durch andere, weil »man es ja so schlecht gehabt hat im Leben«. Da aus der Sicht der Psychoanalyse der Beneidete ein omnipotentes, idealisiertes Objekt ist (Feldman & De Paola, 1994), ist auch eine Realitätsbearbeitung vonnöten (Ludin, 2003). Bevor auf die destruktiven Anteile des Neides in Therapien und insbesondere die klinisch bedeutsamen Abwehrformationen eingegangen wird, ist es sinnvoll, sich einige positive Bezüge zu verdeutlichen, die auch für Patienten mit einer Neidthematik hilfreich sein können.

Arbeit am Neid als Ressource

Neidentstehung hängt mit einem Vergleich und einem »Schlechter abschneiden«, einem Mangelerleben, zusammen. Wie Horst-Eberhard Richter (2005) eindrucksvoll beschrieben hat, ist es auch ein hilfreicher Weg, um mit dem »weniger als«, »schlechter als« umzugehen; diese schwachen, mangelhaften Aspekte als Teil des Selbst zu akzeptieren. Sein Plädoyer ist deutlich: Nicht die Hinwendung zum Macht- und Kontrollanspruch ist sinnvoll; narzisstische Größenvorstellungen sind letztlich eine Abwehr dieser Mangelerlebnisse. Vielmehr plädiert er dafür, das Mangelhafte und Schwache als Teil in das eigene Selbstbild zu integrieren, und das sagt er vor allem mit Blick auf die Männer: »Das in der Gesellschaft vorherrschende Machtprinzip befindet sich in Übereinstimmung mit patriarchalischen Erziehungsvorstellungen. Der Junge lernt das Leiden als Attribut der Ohnmacht an die Mädchen abzutreten und sich an […] historischen Supermännern auszurichten« (Richter, 2005, S. 13). Neben diesem klinisch bedeutsamen Aufruf zu einer anderen Sicht auf den Mangel gibt es weitere positive Aspekte, die im Folgenden beleuchtet werden.

Bisher habe ich vor allem die negativen Konsequenzen von Neid herausgearbeitet, aber es wird von verschiedenen Autoren auch das Motivationspotenzial des Neides betont (Kast, 2004; Vogel, 1992). Das Aufwachsen mit Geschwistern ist eine Grunderfahrung horizontaler Beziehungen, in der Neid entstehen kann. Neben dem Umgang mit gestörten Geschwisterbeziehungen geht es in der Psychotherapie darum, die *Ressource* von Geschwisterbeziehungen zu sehen und zu nutzen. Die Geschwister verbindet körperliche Intimität, sie erleben früh miteinander aggressive und libidinöse Impulse, sie stützen sich bei der Mentalisierung und sie lernen, Konflikte miteinander zu lösen. In vielen Märchen wird die kompensatorische, bedeutsame Funktion warmherziger Geschwisterbeziehungen herausgearbeitet (*Brüderchen und Schwesterchen*, *Die sieben Raben*, *Fundevogel*), insbesondere in einem Kontext liebloser Eltern und Stiefeltern.

Therapeutisch kann es in der Therapie darum gehen, die entwicklungsfördernde Funktion von Geschwistern, auch von Geschwisterstreit, von der negativen, destruktiven Dynamik zu unterscheiden, die Spaltungsprozesse zu bearbeiten und die elterliche Dynamik einzubeziehen. Auch und gerade in der Therapie erwachsener Patienten erlebt man oft, insbesondere in der Therapie mit alten und hochaltrigen Patienten, wie lange eine negative destruktive Neiddynamik die Patienten beschäftigt sowie ihr Leben einengt und belastet.

Nach Hans Sohni (2011) kann es sinnvoll sein, eine unterschiedliche Zielrichtung – Kampf um die Liebe der Eltern versus Aushandeln unter Gleichen – zu unterscheiden und einer zu negativen Sicht von Geschwisterstreit entgegenzuwirken, etwa in der Elternarbeit in der Kinder- und Jugendlichentherapie. Auch Neid und Rivalisieren hat positive Anteile: Man wünscht sich, besser zu sein, und man versucht daraufhin, besser zu sein – dies ist ein Entwicklungsmotor. Allerdings: Insbesondere bei Geschwisterpaaren, bei denen es zu einer starken Aufspaltung kommt (einer/eine ist »gut«, der/die andere »böse«), ist daran zu denken, dass hier – wie im Märchen von *Aschenputtel* – eine Externalisierung von nicht akzeptablen Selbstaspekten vorliegen kann. Schließlich sind die geschwisterlichen Anteile bei Mitpatienten und Spaltungsprozesse bei der Therapeuten-Mutter zu beachten.

Der geschwisterliche Wunsch, einander ähnlich zu sein und gleichzeitig sich voneinander zu unterscheiden, hat ein enormes entwicklungsförderndes Potenzial. Geschwister grenzen sich einerseits in ihrer Verschiedenheit ab, andererseits partizipieren sie wechselseitig von den Erfahrungen und Identifizierungen der anderen. Für Jeanine M. Vivona (2007) ist gerade die Wahrnehmung, dass ein Geschwister ein Nicht-Ich ist, besonders zentral für die Identitätsbildung, sodass Kinder ohne Geschwister noch lange in der Fantasie ihrer Einzigartigkeit verhaftet bleiben können und keine Notwendigkeit der Entwicklung eines differenzierten Selbst sehen. Die Identitätsbildung mithilfe der Geschwister bleibt lebenslang bestehen, auch wenn sich die Qualität und die Häufigkeit des Kontakts ändern. Sie erfährt vor allem in der Adoleszenz eine besondere Dynamik (Seiffge-Krenke, 2001b).

Geschwisterbeziehungen ohne Streit sind ungewöhnlich, da sollte man genauer hinschauen. Ganz generell hat eine Wende von der negativen zur positiven Sicht von Geschwisterstreitigkeiten eingesetzt, das Rivalisieren wurde zunehmend als entwicklungsfördernd für die Selbst- und Identitätsentwicklung angesehen (Sohni, 2004). Bei Mädchen in Therapien kann man oftmals eine regelrechte Überidentifizierung mit der älteren Schwester finden. Hans Sohni (2011) beschreibt eine 17-jährige, die in Kleidung, Haarfarbe, Frisur und Piercings eine genaue »Kopie« der älteren Schwester war. Man sollte also darauf achten, dass die kleine Schwester ihren eigenen Platz findet.

In diesem Kontext kann die Arbeit mit Fantasiegefährten sinnvoll sein; sie haben ein kreatives, entwicklungsförderndes Potenzial und stellen eine Möglichkeit der Neidbewältigung dar. Manchmal erfährt man von diesen Fantasiefreunden erst recht spät. So hat Ruth Lax (1990) beschrieben, dass sich eine junge Frau in psychotherapeutischer Behandlung daran erinnerte, dass sie – als »Einzelkind«, deren Eltern sich sehnlichst einen Jungen gewünscht hatten – einen älteren Bruder fantasierte, der sie über die Jahre begleitete, und der alles hatte, was ihr fehlte. In einer Geschwister-Selbsterfahrungsgruppe berichtete eine Frau, wie sie sich jahrelang einen Bruder fantasierte, um aus der Enge einer Geschwisterkonkurrenz herauszufinden (Sohni, 2004). Auch der Tod der Eltern bedeutet noch einmal eine Zäsur und Herausforderung an die Geschwister zu einer horizontalen Umgestaltung ihrer Beziehungen, wenn diese zuvor stark durch elterliche Präsenz, Eingriffe und Übergriffe gekennzeichnet waren. Wir sollten uns daher mit dieser besonderen Fähigkeit auch im Kontext von Neidverarbeitung und -abwehr beschäftigen.

Neidbearbeitung bei Patienten mit behinderten und kranken Geschwistern

Eine offene Äußerung von Neid ist besonders schwer im Kontext von erkrankten oder behinderten Angehörigen, weil soziale Normen dies zu verbieten scheinen und Schuldgefühle wegen der eigenen Gesundheit vorherrschen mögen. Hier ist aber ein Bewusstmachen von Neid und eine Bearbeitung des dahinterliegenden Problems besonders wichtig, denn der Neid gründet oftmals auf einer ungerechten Behandlung, ja regelrechten Vernachlässigung, und diese Erkenntnis kann zur Veränderung der unerträglichen Situation führen. In unserer Längsschnittstudie gab es mehrere gesunde Schwestern, die mit einem Brief, in dem sie ihren sofortigen Auszug androhten bzw. ihren Suizid ankündigten, die Eltern erst regelrecht wachrütteln mussten, bevor ihre Anliegen ernstgenommen wurden (Seiffge-Krenke, 2001a). Wir sehen bereits in der großen Selbstaufopferung für die erkrankten Geschwister eine Verarbeitung von Neid und eine Hoffnung, dass ihnen dies die Zuneigung und Anerkennung der Eltern wiederbringen würde, wie im Folgenden dargestellt (Seiffge-Krenke et al., 1996, S. 171).

> »Tim, der Patient, erkrankte im Alter von neun Jahren an Diabetes. Er war zum Zeitpunkt des ersten Interviews 14 Jahre alt, seine ältere Schwester 17 Jahre alt. Die Mutter litt unter schweren Depressionen, die viele Aufenthalte in einer psychiatrischen Klinik erforderlich machten. Sie beschrieb diese Zeit als sehr stressig für die Familie. Tims Schwester, die zum Zeitpunkt des ersten Krankenhausaufenthalts ihrer Mutter erst neun Jahre alt gewesen war, hatte für ihren Bruder mütterliche Aufgaben übernommen, die ihr wahrscheinlich zu viel abverlangt hatten.
>
> Als sich Tims Diabetes manifestierte, reagierte seine Schwester zunächst sehr gelassen. Allerdings zog sie sich nach und nach immer mehr zurück. Sie traf sich nicht mehr mit Freunden, sondern blieb den ganzen Nachmittag in ihrem Zimmer und lag passiv auf ihrem Bett. Die Eltern sagten, sie hätten ihr Verhalten nicht als ungewöhnlich registriert, weil sie so sehr mit der Krankheit ihres Sohnes und dem Erlernen des Behandlungsregimes beschäftigt gewesen seien. Die Mutter hatte nach ihrer eigenen zweijährigen Krankheit, die sie überwiegend im Krankenhaus verbracht hatte, immer noch erhebliche Anpassungsschwierigkeiten und konnte sich kaum wieder an die vielen familiären und häuslichen Pflichten gewöhnen. Sie hatte sehr wenig Zeit für ihre Tochter und die meisten Interaktionen mit ihr beschränkten sich auf den Austausch von Maßnahmen für den erkrankten Bruder.
>
> Zum Zeitpunkt der zweiten Befragung berichteten die Eltern, sie seien völlig schockiert, als sie einen zweiseitigen Brief ihrer Tochter erhalten hatten, in dem sie sich bitter über die Vernachlässigung beklagte und zu dem Schluss kam, dass sie keinen Sinn im Leben sehe. Erst durch dieses Signal wurden die Eltern auf die Unzufriedenheit ihrer Tochter aufmerksam.

Infolgedessen führten sie viele intensive Gespräche mit ihrer Tochter, in denen sie sich darüber beklagte, wie zurückgesetzt und »übersehen« sie sich gefühlt habe. Die Eltern akzeptierten den Anspruch ihrer Tochter und versprachen, die Situation zu verbessern. Tim lernte schnell, selbstständig mit der Krankheit umzugehen, sodass zumindest die größte Belastung nur von kurzer Dauer war. Nachdem seine Schwester ihren Kummer zum Ausdruck gebracht und ihre Eltern darauf aufmerksam gemacht hatte, wie schwer sie deprimiert gewesen war, verbesserte sich ihre Stimmung rasch.

Drei Jahre später, am Ende unserer Studie, war die Beziehung zwischen den Geschwistern völlig frei von krankheitsbedingtem Stress und der Bruder beschrieb sie mit den typischen Streitigkeiten zwischen Bruder und Schwester, aber als völlig normal.«

Die Arbeit mit der Familienaufstellung, beispielsweise mit Tieren als Repräsentanten der Familienmitglieder, kann eine große Hilfe sein, um die Ungleichbehandlung und den berechtigten Neid, den berechtigten Ärger der Geschwisterkinder zu verdeutlichen und eine Motivation für die therapeutische Bearbeitung zu schaffen. In der gerade geschilderten Familie wurden intensive, aber vorübergehende Anpassungsprobleme durch das Verständnis und die Unterstützung der Eltern schnell gelöst. Sie konnten ihre Vernachlässigung und ungerechte Behandlung anerkennen, sich entschuldigen und ihr Verhalten verändern. Die gesunde Tochter wiederum konnte nun deutlich »normale« Beziehungen zu ihrem erkrankten Bruder aufnehmen.

Neid in der Paar- und Familientherapie

Unbewusste Wünsche und Abwehrhaltungen der Eltern aufgrund eigener Geschwistererfahrungen beeinflussen die Beziehung des Paares (Sohni, 2004). In manchen Familien kann ein Kreislauf von Schuld, Schuldabwehr, Selbsthemmung und Verlust an Vitalität bei großem Neid von einer Generation zur nächsten voranschreiten (Hirsch, 2015). Einer jungen Mutter kann als Kind jede Lebensfreude genommen worden sein, und sie wird selbst eine

Mutter, die das Kind wieder als Mittel für eigene Zwecke verwendet und neidisch alles Lebendige bei ihrem Kind unterdrückt, ganz so wie es Sándor Ferenczi bereits 1929 in seinem Aufsatz *Das unwillkommene Kind* formuliert hat.

Horst-Eberhard Richter (1963) beschrieb als Erster das Konzept der unbewussten Fantasien der Eltern in Bezug auf ihr Kind als Geschwister. Solche unbewussten Geschwisterkonflikte haben oftmals das Thema Neid und narzisstische Kränkung. In der unbewussten Erwartung kann das eigene Kind für die Mutter oder den Vater anstelle eines eigenen Geschwisters stehen. Richter nannte diese elterliche Projektion »das Kind als Substitut für eine Geschwisterfigur«. Dies kann im Extrem zu sehr verschiedenen Positionen in der Familie führen, etwa »dem schwarzen Schaf«, dem »Sündenbock« bzw. dem »Lieblingskind« oder dem »idealisierten Selbst« (ebd.), das ideale Züge der Eltern trägt. Allerdings kann eine solche Geschwisterdynamik auch lebenslang belastend sein, und zwar sowohl für das »Glückskind«, dass sich unberechtigt bevorzugt empfindet, als auch für den »Unglücksraben«. »Das Glückskind« ist gefangen in Schuldgefühlen und erbringt immer wieder neue Wiedergutmachungsleistungen. Unbewusste Geschwisterkonflikte der Eltern sind also zu beachten, wenn von den »schwierigen« eigenen Kindern oder der konflikthaften Geschwisterbeziehung der eigenen Kinder die Rede ist.

Bei der Neidthematik kann man, wie beschrieben, unterscheiden zwischen dem Neid auf ein Geschwister aufgrund der Tatsache, dass Eltern ihre Liebe nicht gerecht verteilen, aber auch darauf, was ein Geschwister hat und was man selbst nicht hat – und das kann auch ein Entwicklungsimpuls sein. Nicht selten macht sich eine verschobene Aggressionsproblematik bemerkbar: Wut auf den jüngeren Bruder, weil man sie am älteren, stärkeren Bruder nicht auslassen kann; Wut auf die Schwester, weil man den Neid nicht direkt an der Mutter auslassen kann. Man sollte die Eltern darin stärken, den Geschwistern Raum zur Entwicklung zu geben.

Horst-Eberhard Richter (2005, S. 278ff.) hat in einer späteren Arbeit den Neid des Sohnes auf seinen Vater beschrieben, der alles kann und alles macht, und die enge Verzahnung zwischen der Problematik des Sohnes, Martin, und einer bis dahin verleugneten Alkoholproblematik des Vaters gesehen:

»Großartigkeit und Macht des Vaters überschatteten Martins Kindheit und Jugend und führten dazu, dass er sich immer klein, ohnmächtig, schlecht und mangelhaft fühlte. Martin, der den Vater über Jahre heimlich um Geld bestahl, wollte auf diese Weise auch ein Stück der Größe und Potenz vom Vater abbekommen bzw. sich nehmen. An diesem Patienten, der zugleich eine Alkohol- und Spielsucht hatte und schließlich am Rande der Gesellschaft lebte, wurde die Mischung aus Selbstzerstörung und Zerstörung des anderen, des mächtigen Objekts des Vaters, besonders deutlich.

Die dreijährige Analyse gelang, war aber von vielen Hochs und Tiefs aufseiten des Patienten und von einer enormen Anstrengung des Therapeuten (Richter), den Patienten zu halten, gekennzeichnet. Die relative Besserung von Martin am Ende der Therapie wurde um den Preis der Destabilisierung seines Vaters erreicht, der in eine depressive Krise geriet. Bereits bei der Hochzeit von Martin am Ende der Therapie, zu der Richter als Trauzeuge eingeladen war, war die depressive Unterströmung beim Vater trotz seines großspurigen Verhaltens unverkennbar, wenig später erfolgte ein Zusammenbruch, von dem sich der Vater nicht mehr erholte, wenig später verstarb er. In einer ganzheitlichen Sicht hätte ein familientherapeutisches Vorgehen hier Sinn gehabt, aber, wie Richter schreibt, war ihm damals, lange vor der ›Entdeckung der Familientherapie‹, dieses Vorgehen noch gar nicht bewusst.«

Aus der Forschung wissen wir, dass es zwei Jahre dauern kann, bis das zweite Kind in die Familie integriert ist und ein Subsystem von Eltern und Kindern entstanden ist (Seiffge-Krenke & Schneider, 2012) – man kann also in Beratungen bzw. Therapien diesen langen Zeitraum thematisieren.

Die Geburt des zweiten Geschwisterkinds krempelt die Triade nachhaltig um (Sohni, 2011), jetzt wird es spätestens Zeit, die Geschwisterebene einzuführen. Die geschwisterliche Erfahrung durch die Geburt eines weiteren Kindes hat aber auch eine strukturierende Funktion, in der unter anderem die Neidverarbeitung gelernt wird. Das ältere Kind versucht beispielsweise das Baby zu ignorieren oder sich gegen das Baby zu wehren, aber es stellt auch Vergleiche an, inwiefern das Baby ihm ähnlich oder von ihm verschieden ist. Der Neid, das aggressive Rivalisieren mag im Vordergrund stehen, und dies ist durchaus eine gesunde Reaktion. Kurzzeitige Regressionen (Einkoten, Stottern) können auftreten, verschwinden aber nach einer Weile wieder und machen einer Akzeptanz Platz, die dennoch unverkennbar ambivalente Züge trägt. Der durch Entthronung des Erstgeborenen ausgelöste Neid, aber ganz generell der Neid auf die Nachgeborenen und der Wunsch, diese zu beseitigen, wird bei kleineren Kindern oftmals sehr direkt ausgedrückt (»Können wir den nicht zurückgeben?«). Ältere Kinder, insbesondere Töchter, sind da vorsichtiger und zeigen eher eine Verschiebung der Aggression oder eine besondere Bemutterung. Hier hat also bereits eine intensive Neidbearbeitung eingesetzt.

Eine erste Lösung des »Geschwisterkomplexes« ist eine Integrationsleistung des Erstgeborenen und bedeutet »Es gibt Platz für Dich und mich«, es erfordert also eine Neidbearbeitung auf der horizontalen Ebene. Dies ist eine entscheidende Lösung, nachdem der Erstgeborene in der Verarbeitung des Ödipuskomplexes (»Ich bin ein Kind von Mama und Papa – und die haben eine Beziehung, aus der ich ausgeschlossen bin«) bereits das Neidproblem auf der vertikalen Ebene verarbeitet hat.

Die Verarbeitung der geschwisterlichen Urszene gibt demnach einen wesentlichen Entwicklungsschub. Wie Juliet Mitchell (2013) ausführt, ist dazu erforderlich, dass das Kind das »Gesetz der Serie« anerkennt. Findet es nicht zu der Erkenntnis, es gibt Platz »für Dich und mich«, muss es den Wunsch, denjenigen zu zerstören, der ihm den Platz weggenommen hat, endlos reinszenieren. Diese Kinder können zu Tyrannen auf dem Spielplatz/in der Schule werden, indem sie ständig jüngere und schwächere Kinder bekämpfen.

In der Therapie ist wichtig zu unterstreichen: Ihr seid beide gleich und doch verschieden, es gibt Platz für euch beide. Und: Wenn das Kind ausreichend Raum hat, muss es den anderen nicht »zerstören«, mit Neid verfolgen, sondern kann das Gute der Geschwisterbeziehung internalisieren. Die Botschaft sollte sein: Ihr dürft streiten. Bei einer insgesamt positiven Beurteilung von Geschwisterstreit und Neid kommt es therapeutisch darauf an, die entwicklungsfördernden von den negativen, zerstörerischen Funktionen zu unterscheiden.

In Paarberatungen kann es im Rahmen der Geburt von Kindern wichtig sein, auf die Bedeutung des Gebärneides hinzuweisen. Sehr viel häufiger begegnet man allerdings bei hochstrittigen Elternpaaren einem aggressiven Streit um das Kind, in dem es wirklich im Sinne des »tearing the child apart« (Donner, 2006) nur um den eigenen Narzissmus und die eigenen Bedürfnisse unter Hintanstellung der Bedürfnisse des Kindes geht. Man kann dem Partner das Kind nicht gönnen, der Neid ist zu groß, und so wird um jede Stunde gefeilscht, die das Kind mit dem jeweiligen anderen Partner verbringt. Mütter sind da nicht selten in einen erbitterten Kampf verstrickt, in dem sie nicht zögern, massive Vorwürfe zu erheben (wie Missbrauchsvorwürfe), um den Vater aus dem Feld zu schlagen (»maternal gate keeping«, Seiffge-Krenke, 2016). Der Neid macht sich nicht nur an dem erbitterten Kampf um Stunden, ja Minuten fest, die das Kind mit dem Vater verbringen darf, sondern auch in der Entwertung aller Aktivitäten, die das Kind mit dem Vater unternimmt, und letztendlich in der Entwertung und Zerstörung des Bildes des Vaters beim Kind.

Aber, wie Michael Donner (2006) zu Recht vermutet, geht es manchen Eltern auch um die (unbewusste) Zerstörung des Kindes: Kein anderer soll einen Anteil an ihm haben. Die Eltern sind im »Krieg«, und man kann entsprechend mit Kriegsmetaphern arbeiten: Kinder werden zu »Spionen« gemacht, das Gelände ist »vermint«, Aussagen anderer werden als »Munition« benutzt etc. Dies alles hat nichts mit Elternliebe zu tun, sondern mit pathologischem Narzissmus und Neid. In diesem Kontext ist an die Erzählung vom Urteil des König Salomon zu erinnern (Capps, 2017). Der Mythos handelt davon, wie zwei Frauen vor König Salomon traten, von denen die eine erklärte, sie beide wohnten im selben Haus und hätten innerhalb dreier Tage beide einen Sohn geboren. Die andere habe jedoch ihren Sohn im Schlaf erdrückt, sich dann heimlich ihr Kind geholt und das tote Kind zu ihr ins Bett gelegt. Die zweite Frau jedoch behauptete, das lebende Kind sei ihres. Der König befahl, ein Schwert zu holen, und erklärte, das Kind solle entzweigeschnitten werden und jede solle eine Hälfte bekommen. Die tatsächliche Mutter des Kindes sagte, Salomon solle es der anderen geben und es nicht töten. Die andere Frau dagegen erklärte, es solle weder ihr noch der anderen gehören, sondern zerteilt werden. Daraufhin befahl der

König, das Kind der Mutter zu geben, die er daran erkannte, dass sie ihr Kind lieber lebend bei einer anderen Frau als tot sehen wollte.

Darauf aufbauend hat Bertold Brecht im *Kaukasischen Kreidekreis* beschrieben, dass die wahrhaft liebende Mutter der anderen ihr Kind überlässt. In beiden Geschichten wird deutlich, dass der Neid potenziell das Kind zerstören, töten könnte.

Elternarbeit: Triangulierung als Hilfe bei der Neidbearbeitung

In der Kinder- und Jugendlichen-Psychotherapie ist nicht selten eine Aufspaltung des Mutterbildes bei den Patienten zu beobachten, oft verbunden mit einer Idealisierung des Therapeuten, der Therapeutin und einer massiven Abwertung der Mutter – bis hin zu der Forderung der jungen Patienten, die Mutter dürfte auf keinen Fall an der Elternarbeit (in der Kinder- und Jugendlichentherapie alle vier Stunden) teilnehmen. Viele Therapeuten berichten auch darüber, dass sie es leichter haben, die positive Übertragung anzunehmen, als die negative Übertragung wahrzunehmen und zu bearbeiten. Es ist kein Zufall, dass bei den von mir (Seiffge-Krenke, 2017a) geschilderten Fallvignetten aus der Kinder- und Jugendlichentherapie mit Geschwisterneid besonders oft sehr junge Mütter vorkamen, die teilweise mit der »Bemutterung« mehrerer Kinder überfordert waren und selbst noch eine gute Bemutterung brauchten – durch die Therapeutin bzw. den Therapeuten.

Bei der Darstellung von Neidkonstellationen in Familien mit einem chronisch kranken oder behinderten Kind wurde schon deutlich, dass es zu einer veränderten Familiendynamik kommt. Die Mutter bindet sich eng an das erkrankte Kind, der Vater ist im Zweifelsfall wenig präsent, das gesunde Geschwister wird übersehen und gerät unter Druck, seinen Ärger und seine Wut wegen der Vernachlässigung und ungerechte Behandlung nicht zeigen zu dürfen. Es erlebt vielleicht sogar Schuldgefühle wegen seiner Gesundheit.

Neidbearbeitung ist in diesem Kontext besonders wichtig, aber auch in Familien mit gesunden Geschwistern, wie weiter oben am Beispiel Anna Freuds illustriert wurde. Ein fehlender Vater verschärft in diesem Beziehungsgefüge das Mutter-Tochter- und Geschwister-Problem und seine Dynamik noch, denn eine seiner Aufgaben besteht darin, die Differenzerfahrungen zu betonen und die Autonomie des Kindes von der Mutter liebevoll zu fördern, zugleich aber auch den offenen Umgang mit negativen Affekten modellhaft einzubringen (Seiffge-Krenke, 2016). Der offene Umgang mit Neid kann dazu führen, dass man sich mehr anstrengt – die Unterstützung und Herausforderung durch den Vater für dieses »Mehr« kann sehr hilfreich sein.

Spaltungsphänomene standen im Zentrum der Konzeption von Melanie Klein und sind besonders häufige Phänomene, wenn es um Neid geht, insbesondere bei Patienten mit schweren Störungen wie Borderlinestörungen oder anderen schweren Persönlichkeitsstörungen.

Für die therapeutische Arbeit ist es wichtig, sich mit den verschiedenen Formen der Spaltung vertraut zu machen, die unterschiedliche Interventionen zur Folge haben können (Blass, 2013). In unserem Zusammenhang spielt vor allem die Spaltung der Vorstellungen eine wichtige Rolle; hierbei können gespaltene Selbst- und Objektvorstellungen nicht zusammengebracht werden. Ursache für die Spaltung ist die eigene Destruktivität, die nach außen verlagert wird.

Das *Aschenputtel*-Märchen der Gebrüder Grimm hat eine lange Tradition und stammt aus einer Zeit, als neu zusammengesetzte Familien aufgrund des frühen Todes der Mutter (häufig im Kindbett), der Abwesenheit des Vaters (durch Kriege etc.) und das Aufwachsen mit leiblichen und Stiefgeschwistern häufig waren. Das Aschenputtel-Thema ist sehr vielschichtig, es enthält Geschwisterneid und -rivalität, sagt aber auch viel über die Beziehung zu den Eltern und das Verhalten der Mutter zu den Kindern aus. Deutlich ist der große Neid der Schwestern untereinander, von Aschenputtel verhalten und verborgen geäußert, von den Stiefschwestern offen und drastisch. Aschenputtel ist allerdings diejenige, die den größten Mangel leidet, denn die Stiefschwestern werden bevorzug, sodass Aschenputtel in der Küche schlafen und aus der Asche die Linsen auslesen muss. In Bezug auf den Prinzen kommen ebenfalls Rivalität und Eifersucht ins Spiel. Der Vergleich unter den Schwestern und die Arbeit, die Aschenputtel für die Stiefmutter und die Schwestern leistet, ist ebenfalls ein Thema.

Zugleich ist die tote Mutter von Aschenputtel die gute Mutter, die ihr aus der Ferne hilft; wir haben es also mit einer Aufspaltung des Mutterbildes zu tun. Tatsächlich findet sich eine vergleichbare Konstellation in der Psychotherapie mit Kindern und Jugendlichen häufiger, und dabei ist dies nicht notwendigerweise an neu zusammengesetzte Familien und die Konstellation leibliche plus Stiefgeschwister gebunden (Seiffge-Krenke, 2017c, S. 849):

> »Die 16-jährige Isabella, ein hübsches, etwas blasses Mädchen, berichtet von starken familiären Konflikten, die sich im vergangenen Jahr bedrohlich zugespitzt hätten. Die Scheidung der Eltern steht im Raum, was sie sehr belastet. Sie schildert ihre Mutter als emotional instabil, mal aggressiv, mal traurig, Kleinigkeiten wie nicht gemachter Abwasch führten schnell zu Wutausbrüchen und wüsten Drohungen.
>
> Ihre Mutter, eine junge Frau, hat Isabella mit 19 Jahren bekommen und noch zwei weitere Kinder danach. Sie müsse so viele Aufgaben im Haushalt erledigen, berichtet Isabella, und die jüngeren Schwestern (-8 und -6 Jahre) betreuen (›Ich muss mich ständig um alles kümmern und darf nicht mal zehn Minuten in meinem Zimmer allein sein.‹), sodass sie stark ans Haus gebunden sei. Sie dürfe sich so gut wie nie mit Freundinnen verabreden oder ihre Tante besuchen, die eine Art Zufluchtsort für sie sei. Ihre Geschwister hätten im Gegensatz zu ihr kaum Verpflichtungen. Sie seien »noch zu klein«, die Schwestern dürften alles und würden wegen ihres Alters geschont. Isabella wartet nur darauf, 18 zu werden, um endlich ausziehen zu können.
>
> Der Vater mische sich nie ein, würde ihr nie helfen und zöge sich in sein Zimmer vor den Fernseher zurück. Sie bleibt dann stets mit dem Gefühl der Schuld an den Konflikten und der Angst um ihre Mutter zurück. Sie sei schon einmal von zu Hause weggelaufen und habe eine außerhäusliche Unterbringung überlegt, aber das könne sie ihrer Mutter auf keinen Fall »antun«. All dies belastet Isabella sehr, sie sei sehr häufig traurig und müsse weinen. Die Zuspitzung der Konflikte hat zudem zu psychosomatischen Beschwerden (zu migräneartigen

> Kopfschmerzen, aber auch Schwindel, Übelkeit, Unwohlsein und insbesondere extrem starke Menstruationsbeschwerden) geführt, weshalb Isabella häufig in der Schule fehlt.«

Die klassischen Merkmale der Aschenputtel-Situation mit dem Neid auf die geschonten Schwestern, der aggressiven Mutter und dem fehlenden Vater sind deutlich, ebenso, die Wut, Verzweiflung und der Ärger, der sich in besonders vielen Körperbeschwerden ausdrückt, die um das Thema »Frausein« kreisen. Bezüge zur Parentifizierung (die Tochter übernimmt Mutterpflichten) sind ebenfalls erkennbar.

Die Abspaltung der aggressiven Anteile: das Tabu der Mutter-Tochter-Aggression

Ein wichtiger Aspekt, der auch im Aschenputtel-Märchen eindrucksvoll nachzuvollziehen ist, ist der der Neidbearbeitung bzw. Abwehr von Neid. Konzeptuell war Neid mit Spaltungsprozessen verbunden, einem frühen Abwehrmechanismus. Melanie Klein (2000) hat dies exemplarisch an der Spaltung in die gute und böse Brust verdeutlicht. Die große Bedeutung der Mutter-Tochter-Beziehung und der »Arbeit der Tochter für die Mutter und die Schwestern« unter Zurückstellung eigener Bedürfnisse ist beim Aschenputtel-Märchen unübersehbar. Dass Mädchen die Mutter versorgen und eigene Bedürfnisse zurückstellen müssen, sehen wir Therapeuten sehr häufig. In vielen Familien mit körperlich und psychisch kranken Müttern übernehmen Töchter die Funktion, ihre Mutter und häufig auch ihre Geschwister zu stützen, zu versorgen. Von dieser Parentifizierung sind insbesondere ältere oder erstgeborene Töchter betroffen. Neid, Wut und Verzweiflung der Tochter werden kaum offen geäußert, sondern bleiben häufig in den Körper eingeschrieben und führen zu dramatischen Körpersymptomen

In der therapeutischen Beziehung stellt sich rasch eine negative Übertragung ein: Man wird als Therapeut, als Therapeutin für alles abgestraft, was die Tochter mit der Mutter erlebt und erlitten hat, wird stellvertretend für die Mutter beschuldigt, muss leiden und ist mehr oder weniger gut versteckten Aggressionen ausgesetzt. Die Beziehung zur Mutter wird dagegen als relativ »harmonisch« dargestellt und die Symptome der Tochter erscheinen »unerklärlich«.

Insbesondere bei Patientinnen findet sich nicht selten eine solche Aufspaltung mit einer verschobenen Aggression auf die Therapeutin. Offener wütender Postest mit einer Klage über die Mutter, die die Tochter nicht beachtet und vernachlässigt hat oder ein anderes Kind vorzieht, ist gar nicht so häufig anzutreffen. Oft ist die Aggression auf die Mutter zu ahnen, die Abwehr dieser tabuisierten Gefühle beherrscht das Bild. Klinisch sehen wir dann nicht selten nach einer kurzen positiven Phase der Etablierung der therapeutischen Beziehung die rasante Entwicklung einer negativen Übertragung, in der die Wut auf die Mutter auf die Therapeutin verschoben wird. Möglicherweise ist es nicht nur die lange anhaltende negative Übertragung, die schwer auszuhalten ist, sondern auch der unübersehbare Schuld- und Loyalitätskonflikt, unter dem die Tochter leidet und der es ihr verbietet, sich auf die Therapeutin einzulassen und ihre Mutter anzuklagen.

Es kommt also nicht selten vor, dass Patientinnen alle anderen, insbesondere ihre Therapeutin, abstrafen, sich aber nicht offen mit ihrer Mutter auseinandersetzen. Dieser Prozess sollte in Gang gebracht werden und die Wünsche der Tochter nach »Mehr«, aber auch ihre Wut und Enttäuschung benannt werden, damit sie sich endgültig von ihrer Mutter lösen kann und nicht etwas einfordert, was sie nie mehr bekommen wird. Trauerarbeit sollte also geleistet und die depressive Position (Klein 1997 [1932]) erreicht werden.

Relativ viele therapeutische Interventionen beziehen sich auf strukturelle Aspekte von Spaltungen. Der Patient hat den neidischen, den feindseligen Teil seines Selbst abgespalten. So ist deutlich, dass etwa im Sinne der OPD am Selbsterleben gearbeitet werden muss, sodass abgespaltene Selbstanteile nicht mehr länger in anderen Objekten, in den »Geschwistern« im weitesten Sinne, untergebracht werden müssen. Es ist aber auch Arbeit bezüglich des Objekterlebens zu leisten. Dies betrifft sowohl die horizontale Ebene der anderen »Geschwister« als auch die Ebene von Mutter und Vater. Wie im Aschenputtel-Phänomen beschrieben, finden wir häufig aufgespaltene Objekte (und nicht selten eine verschobene Aggression auf die Therapeutin). Hinzu kommt – und hier ist das Problem der mangelnden Differenzierung mancher Patienteneltern, aber auch erwachsener Patienten aufzugreifen – die Selbst-Objekt-Differenzierung: Inwiefern ist diese Patientin anders als ihre Schwestern und ihre Mutter – und darf es auch sein?

Es kann notwendig sein, die Neidthematik sowohl auf der strukturellen Ebene (Integration der abgespaltenen Selbstanteile, der gespalten Objektbilder), aber auch inhaltlich auf der Konfliktebene zu bearbeiten.

> Eine 52-jährige gelernte Verwaltungsangestellte, ledig, erwerbslos, kam zu Erstgesprächen, nachdem eine Symptomatik bereits seit drei Jahren anhielt. Die Symptomatik bestand in Existenz- und Verlustängsten, Wut, gedrückter Stimmung, Antriebslosigkeit, Zukunftsängsten sowie »Frustessen«, aber auch aus zahlreichen Körpersymptomen wie Schlafstörungen, Erschöpfung, Migräne und Rückenschmerzen. Viele dieser Symptome bestünden allerdings schon seit acht Jahren. Für die seit drei Jahren zunehmenden Beschwerden wurden sowohl berufliche als auch private Probleme benannt. Die berufliche Belastung war gekennzeichnet durch häufigen Jobwechsel, schlechte Arbeitsbedingungen und eine Mobbingsituation an ihrem damaligen Arbeitsplatz, die auch zu einer Kündigung führte.
>
> Die Patientin stammt aus einer Familie mit einem alkoholkranken Vater, der zudem die (stark depressive) Mutter und auch die Patientin schlug. Zum Schutz der Mutter hatte die Patientin bis zum Alter von 15 Jahren mit der Mutter in einem Bett geschlafen. Nach dem Tod des Vaters gelang es der Patientin nicht, sich von der Mutter zu lösen. Sie zog erst mit 31 Jahren aus, hatte verschiedene, immer nur kurzzeitige Partnerschaften, erlebte sich nicht nur im beruflichen Kontext, sondern auch im privaten Bereich als »Zu kurz gekommen« und beneidete andere um ihr Aussehen, ihre berufliche Position und ihre Partnerschaften.
>
> Durchgeführt wurde eine tiefenpsychologische Langzeitbehandlung. Im Laufe der Behandlung trennte sich die Patientin von ihren Partnern und war in der Lage, diese Phase der Einsamkeit und des Zweifels auszuhalten. Sie hatte Halt und Unterstützung in der Therapie annehmen können und konnte ihre große Angst vor dem Verlassenwerden reflektieren. Es

wurde ihr deutlich, wie sehr sie von ihrer Mutter »benutzt« wurde. Sie begann, sich stärker von ihr abzugrenzen.

Es blieb eine große Sehnsucht nach einer nahen Beziehung. Perioden von großer Traurigkeit und Depressivität waren auszuhalten und durchzuarbeiten. In dieser Zeit zog sie sich von allem zurück und wurde sehr antrieblos, kam aber regelmäßig in die Therapie. Es wurde eine Stabilisierung erreicht, allerdings stürzte die Verweigerung der Berufsunfähigkeitsrente durch die Rentenversicherung die Patientin in ein tiefes Loch mit einer Sinnkrise. Neid und die Selbstwertdynamik (»Ich bin nichts«) wurden wieder sehr virulent, es wurden aber auch Anteile eines passiven Versorgungskonflikts im Sinne der OPD deutlich, die dringend bearbeitet werden mussten.

Auf struktureller Ebene wurde das Selbsterleben der Patientin bearbeitet, und es wurde versucht, die abgespaltenen negativen Aspekte ihres Selbst (die sie zunächst auf das Außen, die anderen projiziert hatte), zu integrieren. Das Ziel war, die Patientin von einer Opferhaltung hin zu einer selbstverantwortlichen Initiative in ihrem Leben zu führen, was die Auseinandersetzung mit ihrem projektiv verarbeiteten Neid und dem Anspruch, andere müssten sie versorgen, voraussetzte.

Neid in verschiedenen Phasen der Therapie: psychotherapeutische Interventionen

Da Neid ein so tabuisiertes Gefühl ist (»neidisch sind nur die anderen«, Haubl, 2008), ist der Umgang mit neidvollen Äußerungen des Patienten und insbesondere die Deutung von Neid ein heikles Thema. Allerding: Ohne Bewusstmachung keine Neidbearbeitung und damit auch potenziell keine Möglichkeit der Veränderung im Sinne einer Arbeit am Selbst.

Anderson (2002) ist aufgefallen, dass Neid besonders in den Anfangsphasen einer Therapie zu beobachten ist, es kämen relativ viele Vergleiche vor (dass es anderen besser gehe, dass andere mehr hätten). Bei Äußerungen des Leidensdrucks, der eine Voraussetzung für eine Indikation ist, wird häufig mit Vergleichen gearbeitet. Man kann gerade in der Anfangsphase der Therapie, als Vorbereitung für spätere Deutungen, mit Klarifikationen und

Konfrontationen arbeiten (»Ist Ihnen auch aufgefallen, dass Sie in den letzten Stunden viele Vergleiche zu anderen gezogen haben? Wie gehen diese Vergleiche aus?«). Es ist wahrscheinlich, dass die Vergleiche unvorteilhaft für den Patienten ausgehen, und man kann dann an der behutsamen Bewusstmachung dessen arbeiten, dass Neid im Spiel ist. Dabei werden auffällig oft die Begriffe von Neid und Eifersucht von Patienten austauschbar benutzt, es wäre aber wichtig, auf die Unterschiede hinzuweisen, ebenso auf die sehr unterschiedlichen Affekte, die sie hervorrufen.

Für Heikyöng Moser-Ha (2001) ist die mittlere Phase einer Psychotherapie der Durcharbeitung des Neides in seinen verschiedenen Erscheinungsformen und Konsequenzen gewidmet. Insbesondere in der mittleren und der Endphase einer Therapie kann man möglicherweise Hinweise auf eine negative therapeutische Reaktion finden, das heißt der Patient profitiert nicht, sondern verschlechtert sich, es treten vermehrt Symptome auf und die Interventionen des Therapeuten werden abgewertet. Für Sigmund Freud und Melanie Klein war dies von Beginn an eine der auffälligsten Manifestationen von Neid. Klein hatte dazu ausgeführt, dass das Gute des Therapeuten nicht behalten bzw. inkorporiert werden kann, sondern zerstört werden muss.

Oftmals fühlen sich Therapeuten dann hilflos und nutzlos. Das Verständnis der eigenen Gegenübertragung kann helfen, die Übertragung der Patienten zu verstehen. Moser-Ha (2001) schildert Patienten, die ihre Examina torpedierten, nur damit der Therapeut nicht irgendeine Gratifikation aus dem analytischen Prozess ziehen und sich selbst als beteiligt an dem Erfolg erleben konnte. Sie warnt davor, die eigene Gegenübertragung zu früh mitzuteilen, weil das auf den Patienten so wirken könnte, als könnte der Therapeut die eigenen Gefühle nicht regulieren und wäre unfähig, zu therapieren. Damit hätte der Patient die Fähigkeiten des therapeutischen Objekts tatsächlich zerstört. Es ist aber wichtig, dass wir als unzerstörbar aus dem Prozess hervorgehen, denn das ist nicht nur für die Psychohygiene des Therapeuten, sondern auch für das Voranschreiten des Patienten wichtig: Seine Aggression ist aushaltbar.

Viel Anstoß nahm man an der konfrontativen Deutungstechnik Melanie Kleins. Jean Laplanche sprach einmal von einem »Bombardieren mit Deutungen«. Was die Deutung des Neides angeht, so ist gegenwärtig die Empfehlung vieler Analytiker, »gradually and slowly« (Moser-Ha, 2001, S. 714) vorzugehen. Eduardo Laverde-Rubio (2004) schlägt vor, bei den Deutungen zunächst jene Perspektive aufzugreifen, dass andere den Patienten beneiden (um Aussehen, Status, Gewinn etc.) und erst später die eigenen, möglicherweise versteckten und abgewehrten Neidaspekte zu deuten und mit dem Patienten zu bearbeiten. Andere Autoren wie R. Horacio Etchegoyen und Clara R. Nemas (2003) finden dagegen, man sollte Neid, sobald er auftaucht, sofort deuten, genauer: wenn man mehrere Belege dafür hat und das Thema schon bewusstseinsnah ist. Sie schlagen vor, vor allem darauf zu achten, worauf sich der Neid bezieht: auf etwas in der Außenwelt, der Innenwelt oder dem Körper des Patienten? Wieder andere Analytiker wie De Paola (2001) heben hervor, dass man den damit verbundenen Affekten wie Schuldgefühlen (wegen der zerstörerischen Impulse) oder Scham (wegen der Insuffizienz- und Ohnmachtsgefühle) bei den Deutungen besonderes Augenmerk schenken sollte. Bei Interventionen sind auch verwandte Affekte (Schadenfreude, nicht vergeben zu können) heranzuziehen (Feather & Sherman, 2002). Wichtig ist, bei den Deutungen auch die Vielfalt der Inhalte (Penisneid, Gebärneid, Generationenneid) zu berücksichtigen.

Nach Susann Heenen-Wolf (2005) ist es offensichtlich nicht mehr aktuell, den Penisneid so zu deuten, als ob die Deutung allein die Frau an die Kastration erinnere. Sie findet dagegen: Den Penis zu neiden, selbst einen haben zu wollen, den Penis zu begehren (Penislust) sind ganz unterschiedliche Wünsche, die in der Therapie gedeutet werden sollten. Sie schildert eine Erscheinungsform des Penisneides, bei der eine ältere Frau, nachdem ihre Kinder das Haus verlassen hatten, Schwierigkeiten damit hatte, ihren Platz im Haus einzunehmen, das nun fast leer war. Sie richtete sich eine Schreibecke auf der Treppe (!) ein. Die Patientin hatte zudem Schwierigkeiten, ihren Körper zu besetzen mit ihren Wünschen, so wie sie auch im Haus keinen Platz für sich besetzten konnte, obgleich das Haus nun viel Raum bot. Später in der Analyse wurde der Penisneid vor allem vor dem Hintergrund der Geburt ihres kleinen Bruders deutlicher: Sie hatte das Gefühl gehabt, sie sei nun (ohne Penis) in den Augen der Mutter wertlos geworden. Hier sieht man den engen Zusammenhang zwischen narzisstischen Pathologien und Penisneid. Diese Patientin hatte eine sehr attraktive Mutter und zog sich dann aus der ödipalen Rivalität mit der Mutter zurück; diesen Rückzug behielt sie auch in späteren Situationen bei.

Insbesondere der Aspekt der Penislust ist vor dem Hintergrund der hohen Raten von Frigidität bei Patientinnen wichtig und sollte nach Heenen-Wolf (2005) ebenfalls gedeutet werden. Den Penis haben zu wollen, kann für das Streben nach phallischen Attributen (Erfolg, Souveränität, Nähe zur Mutter) stehen. Der Penisneid kann außerdem eine Erscheinungsform des (verbotenen) Wunsches sein, den Penis beim Geschlechtsverkehr zu erhalten. Wichtig wäre eine Umwandlung dessen, was sich als Neid manifestiert, in Wünsche und Projekte, entsprechend der Formulierung von Verena Kast (2004) als Ansporn.

Umgang mit Destruktivität: der nahezu unbehandelbare Patient

Die Konzeptualisierung von Neid bei Melanie Klein enthält sehr viel Destruktivität. Otto F. Kernberg (1975) hat, ihre Ideen aufgreifend, schon früh auf die Notwendigkeit der Analyse der aggressiv besetzten Teile des Selbst verwiesen, die auf pathologisch-internalisierte Objektbeziehungen zurückzuführen sind. Er hat diese Idee mehrfach und insbesondere in *Der nahezu unbehandelbare narzisstische Patient* formuliert (Kernberg, 2005).

Kernberg war aufgefallen, dass Patienten mit einer narzisstischen Persönlichkeitsstörung auf dem Niveau einer Borderline-Persönlichkeitsorganisation eine schlechtere Prognose aufweisen als alle anderen Persönlichkeitsstörungen. Liegen außerdem noch eindeutig antisoziale Züge vor, ist die prognostische Einschätzung noch ungünstiger zu beurteilen. Diese Negativtendenz kulminiert in den praktisch unbehandelbaren Patienten mit antisozialer Persönlichkeitsstörung, die nach seinem Dafürhalten die schwersten Fälle von pathologischem Narzissmus darstellen.

Die wichtigsten Merkmale der narzisstischen Persönlichkeitsstörungen bestehen in.

- *Einer Pathologie des Selbst:* Die Patienten sind überaus selbstzentriert und abhängig von der Bewunderung anderer. Es herrschen Fantasien von Erfolg und Grandiosität vor.

- *Einer Pathologie der zwischenmenschlichen Beziehungen:* Die Patienten leiden bewusst oder unbewusst unter einem starken Neid. Ihr Verhalten ist von großer Gier und ausbeuterischen Tendenzen geprägt, sie begegnen anderen Menschen mit Missachtung und Entwertung. Sie sind unfähig zur Empathie und darin, sich auf Beziehungen einzulassen.
- *Einer Pathologie des Über-Ichs:* Mangelndes Verantwortungsgefühl, fehlende Rücksichtnahme, das Unvermögen, angesichts ihres entwertenden Verhaltens Schuld und Gewissensbisse zu empfinden, sind charakteristisch.

Diese Patienten bedürfen Kernbergs Meinung nach einer übertragungsfokussierten Psychotherapie (Übersicht bei Doering, 2016). Ein zentrales Problem ist ihre Unfähigkeit, vom Therapeuten abhängig zu sein. Sie erleben dies als demütigend und versuchen, wieder omnipotente Kontrolle über die Situation zu erreichen. Die Patienten sind chronisch enttäuscht darüber, nicht genug oder nicht die richtigen Deutungen erhalten zu haben. Sie rivalisieren stark mit dem Therapeuten. Ein Hauptmerkmal ist der unbewusste oder bewusste Neid auf den Therapeuten (seine Beziehungsfähigkeit, sein therapeutisches Können), aber auch auf andere, und das Gefühl, es gebe in der therapeutischen Beziehung nur für *eine* großartige Person Platz. Typischerweise geht es dem Patienten schlechter, wenn er bemerkt, dass ihm der Therapeut geholfen hat. Es geschieht eine maligne Transformation dessen, was er vom Therapeuten bekommt.

Die wohl schwierigste Übertragungsentwicklung besteht in der Manifestation massiver Aggression und Arroganz. Über einen längeren Zeitraum kommt es zu massiven sadistischen Angriffen auf den Therapeuten, die diesen in seiner Gegenübertragung dazu provozieren sollen, »zurückzuschlagen«. Auch kann es, in der Wendung gegen das Selbst, zu suizidalen Tendenzen kommen.

Verläuft die Behandlung positiv, so führt dies typischerweise zu einem Nachlassen des immensen Neides und macht der Fähigkeit Platz, Dankbarkeit sowohl in der Übertragung als auch in den Außenbeziehungen zu empfinden. Die Reduktion des Neides führt auch dazu, Abwertungen von anderen, insbesondere von Intimpartnern, zurückzunehmen. Den eigenen Neidgefühlen kann dann mit mehr Wohlwollen begegnet werden.

Der »unmögliche Patient« ist ein weiterer von Kernberg (2005) geschilderter Fall, der mit extremem Neid zu tun hat. Die Patienten versagen trotz guter Schulbildung und entsprechenden Fertigkeiten, wollen aber beweisen, dass keine Veränderung möglich ist, und haben einen enormen sekundären Krankheitsgewinn aus ihrer chronischen Abhängigkeit von der Familie. Diese »Fürsorgefälle« ziehen es vor, von der Sozialhilfe zu leben, anstatt sich der Schmach einer untergeordneten Stellung auszusetzen.

Hier ist nach Kernberg wichtig, an der Reduktion des Krankheitsgewinns zu arbeiten. Oft entwickeln die Patienten schwere Ängste, wenn es darum geht, sie wieder in Arbeit zu bringen. Sie zeigen ein sozial-parasitäres Verhalten, haben unendliche Begründungen, warum diese oder jene Tätigkeit für sie nicht passt, und können, wenn der Therapeut Grenzen aufzeigt und an der Reduktion des starken sekundären Krankheitsgewinns arbeitet, einen abrupten Wechsel von Idealisierung zu völliger Entwertung des Therapeuten zeigen. Nicht selten kann am Ende die völlige Zerstörung des therapeutischen Prozesses stehen als ein Teil der unbewussten Selbstdestruktivität.

Vor allem Patienten mit antisozialen Persönlichkeitsanteilen können zu massiven Gegenübertragungsreaktionen führen, mit Gefühlen der Erschöpfung und Verzweiflung, mit Rückzug, einem innerlichen Fallenlassen des Patienten. Hier ist nach Kernberg nicht nur die schnelle Reduktion des Krankheitsgewinns, sondern auch die konsequente Deutung der Arroganz des Patienten wichtig.

Ein Gesichtspunkt, der wenig beachtet wurde (auch von Klein), aber im Therapieprozess von großer Bedeutung ist, ist, dass der Therapeut die aggressiven Angriffe des Patienten (in der Fantasie und in der Realität) überlebt. Donald D. Winnicott (1969) hatte bemerkt, dass viele Patienten in Therapie kommen, die nie die Unzerstörbarkeit des (mütterlichen) Objekts erlebt hatten. Es ist aber wichtig, dass der Therapeut als unzerstörbar erlebt wird, dass er die aggressiven Attacken überlebt. Das ist eine Voraussetzung dafür, dass er als Objekt gesehen werden kann (Körner, 2018). Vor allem für Borderlinepatienten und psychotische Patienten ist die Erfahrung der Unzerstörbarkeit des Therapeuten besonders wichtig, damit die aggressiven Impulse bearbeitet, entgiftet und integriert werden können.

Bei Patienten mit einem Neidproblem häufen sich in Behandlungen oftmals die Missverständnisse zwischen Patienten und Therapeut. Hier ist die feinfühlige Wahrnehmung der Therapeuten wichtig, solche Missverständnisse aufzuspüren und in der Therapie zu bearbeiten. Die spannenden Untersuchungen zu »rupture and repair« (Safran et al., 2011) wurden bislang in Bezug auf Erwachsenenbehandlungen publiziert, sind aber auch für die Behandlung von Kindern, Jugendlichen und ihren Eltern sinnvoll. Sie zeigen, dass die Therapeuten viel häufiger Missverständnisse und Spannungen in den Stunden erkennen (43 Prozent) als die Patienten (19 Prozent). Häufige Ursachen sind unterschiedliche Zielvorstellungen: Der Patient möchte die Symptome loswerden, der Therapeut fokussiert auf Einsicht und umfangreichere strukturelle Veränderungen. Wenn solche Missverständnisse nicht erkannt wurden, war der Therapieerfolg schlechter ($r = -.35$), während die Analyse von *Rupture-and-repair*-Bemühungen zeigte, dass sich die therapeutische Beziehung dadurch signifikant verbesserte. Deshalb zielen Trainings wie das AFT (Allianz-fokussiertes Training; Gumz, 2020) in einem Mehrstufen-Plan darauf ab, Rupturen zunächst wahrnehmen zu lernen, um dann zu trainieren, wie man förderlich für die Patient-Therapeut-Beziehung damit umgeht.

Neid in Gruppen und zwischen Co-Therapeuten

Wichtig und oftmals besonders eindrucksvoll sind die Spaltungsprozesse in ambulanten und stationären Gruppen, wo sofort eine starke Regression einsetzt mit dem Wunsch, von dem Therapeuten etwas Gutes zu bekommen (Fabian, 2004). Meistens haben viele Gruppenmitglieder diesen Wunsch, der zu Prozessen der Projizierung und der Externalisierung führt. Wenn man Berichte von Gruppentherapeuten liest, ist man immer wieder erstaunt, wie lange in einer gruppentherapeutischen Behandlung die paranoid-schizoide Phase andauert, und wie relativ spät Gruppenpatienten in die depressive Position kommen.

Brigitte Mittelsten Scheid (1995) schildert verschiedene Äußerungsformen von Neid in Gruppen, aber noch häufiger sei das Verbergen, um sich vor dem (vermuteten) Neidgefühlen der anderen zu schützen. Da traut sich eine Patientin nicht zu sagen, dass sie eine großartige Stelle bekommen habe aus Angst, die anderen könnten sie ihr neiden und »wegnehmen«; eine andere Patientin verbirgt ihre Schwangerschaft aus Angst vor dem Neid der Gruppenmitglieder; eine weitere Patientin schildert, dass sie sich nicht traue, ihrer Freundin von der Schwangerschaft zu erzählen, einer Freundin nämlich, die sich immer ein Kind gewünscht hatte. Die Furcht vor negativen Sanktionen und vor Übergriffen ist groß, und oftmals ließen sich biografische Bezüge herstellen, etwa wenn eine Patientin ihre Glücksgefühle, den Stolz auf die eigene Leistung, verbergen musste gegenüber ihrer immer unglücklichen Mutter und dem unfähigen Vater. Die Selbstwahrnehmung als klein, ohnmächtig und mangelhaft war besonders bei den Teilnehmer*innen* ausgeprägt. Hier wird besonders die selbstschädigende Wirkung des Neides deutlich (Schorn, 2003).

Hemmer (2000) beschreibt einem Gruppenprozess mit Fokus auf Neid und Rivalität. Teilnehmer der halboffenen Gruppe waren vier Frauen und fünf Männer mittleren Alters und gleichen Bildungsstandes. Der Neid wurde offenkundig, nachdem eine Teilnehmerin vier Monate nach Beginn der Gruppe neu hinzukam. Hemner konnte folgende Phasen beobachten:

Phase 1 *Hoffnung und Harmonie.* Das, was diese Phase besonders prägte, war die Leugnung vorhandener Differenzen und Unterschiede.

Phase 2 *Zeit der Enttäuschungen und Ernüchterungen.* In dieser Phase begannen die Teilnehmenden, Differenzen wahrzunehmen. Neidgefühle wurden zunächst bezogen auf Außenstehende (Chefs, Kollegen, Freunde) geäußert. Dann kann es zu neidvollen Vergleichen innerhalb des therapeutischen Settings: Andere Bekannte hatten bessere Therapeuten oder waren in einer besseren Therapie. Es setzte eine Entidealisierung des Therapeuten ein.

Phase 3 *Erleben von Ohnmacht und Minderwertigkeit.* Im Zentrum standen Äußerungen von Gruppenmitgliedern, die sich nicht anerkannt, nicht wertgeschätzt fühlten.

Phase 4 *Neid und Rivalität zwischen den Geschlechtern.* Männer und Frauen wurden bislang als nicht sehr verschieden wahrgenommen, jetzt setzte eine Differenzierung ein. Die Mangelerlebnisse beruhten nicht auf Penis- oder Gebärneid, sondern hatten soziale Zurücksetzungserfahrungen zur Grundlage. Fast alle Frauen der Gruppe griffen nun die Männer an, die den Frauen angeblich nichts gönnten und alles für sich haben wollten.

Phase 5 *Konfrontation und der Kampf der Rivalinnen.* Häufig ausgelöst durch ein Ereignis im Außen kam es nun zu Kämpfen zwischen den Frauen, die sich wechselseitig angriffen. Die Frau mit dem bevorzugten Platz (direkt neben dem Therapeuten) wurde besonders heftig angegriffen. Sie erschien dann nicht zur nächsten Stunde, was Reue und heftige Schuldgefühle in der Gruppe auslöste. Man hatte auch Angst vor der »Rache« des Therapeuten, da gemutmaßt wurde, dass sie die Lieblingspatientin des Therapeuten sei.

Phase 6 *Produktive Neid- und Rivalitätsgefühle.* Es wurde dann möglich, die intensiven Minderwertigkeitsgefühle einzelner Gruppenmitglieder und die entsprechenden Neidgefühle aufzuarbeiten und in produktivere Verarbeitung umzuwandeln. Es ging nicht mehr länger darum, wer der »Bessere« war, sondern es ging um Veränderung.

Heftige, mehr oder weniger verborgene Neidphänomene findet man in Gruppen, in denen die Einzelnen ein ähnliches Schicksal tragen, weil sich leicht das Gefühl des Zu-kurz-gekommen-Seins einstellen kann (Haubl, 1998). Die Gruppenarbeit mit Migranten beispielsweise kann eine Herausforderung für Therapeut und Co-Therapeut sein, aber auch für die Teilnehmenden. So sind bei Flüchtlingen sehr unterschiedliche Emotionen zu beobachten: Sie sind froh, am Leben zu sein, aber sie sind allein, ohne irgendetwas zu besitzen, und sind darauf angewiesen, dass andere sie unterstützen und mit Essen und Kleidung etc. versorgen. Die früheren engen Bindungen an die Großfamilie existieren nicht mehr und die Teilnehmer müssen sich mit Tod und Verlust auseinandersetzen, überlebende Verwandte sind häufig auf der ganzen

Welt verstreut. Die Teilnehmer solcher Gruppen sind häufig resigniert und passiv, und man kann nicht selten erleben, dass das frühere Leben beschworen wird als »wir hatten alles: Häuser, Gärten, Fernseher, unsere Kinder konnten essen, was sie wollten. Hier muss man essen, was man uns gibt« (Gregurek et al., 1994, S. 234, eigene Übersetzung). Die Generosität des Staates und von Hilfsorganisationen kann als Kontrolle erlebt werden und den Teilnehmenden ihre Abhängigkeit und »Kleinheit« nur allzu bewusst machen (»Gefangener der Dankbarkeit« nach Berger, 2002). Das »gute Objekt« in dem aufnehmenden Land kann nicht so »gut« sein wie das verlorengegangene, häufig idealisierte Objekt.

Neid entsteht, weil einige meinen, sie hätten von den Hilfslieferungen zu wenig abbekommen, und dieser Neid macht auch Schuldgefühle. Die Teilnehmer solcher Gruppen sind also zwischen Liebe (zu der verlassenen, idealisierten Welt), Dankbarkeit (für die Aufnahme in einem Land, das schützt und unterstützt), aber auch Neid hin- und hergerissen.

Neid, wahrgenommene Differenz und Dankbarkeit zwischen Co-Therapeuten

Melanie Klein hatte die Co-Therapie als ein zweischneidiges Schwert beschrieben. Auf der einen Seite ist es sinnvoll, insbesondere für Patienten mit Borderline-Persönlichkeitsstörungen oder narzisstischen Störungen, eine Konstellation anzubieten, die strukturell der Familiensituation ähnelt. Es wird argumentiert, dass die Einführung eines Co-Therapeuten dem Therapeuten ein Stück weit die Angst vor der Gruppe nimmt. Auf der anderen Seite ist zu fragen, ob es nicht sinnvoller wäre, dass er seine Angst erlebt, genauso wie die Gruppenmitglieder ihre Angst vor dem Therapeuten erleben? Man geht davon aus, dass das Arrangement von zwei Therapeuten dann besondere Angriffe und Spaltungsversuche der Gruppenmitglieder hervorruft.

Generell haben Neid und Dankbarkeit zu tun mit dem anderen, dem Nicht-Ich, und lenken unsere Aufmerksamkeit auf das, was man hat und was man nicht hat. Diese Differenz ist wichtig, und man wird selten bei Therapeuten und Co-Therapeuten finden, dass sie völlig gleich sind. Sie müssen die Differenz akzeptieren, ohne sich unterlegen zu fühlen. In Gruppen mit zwei Therapeuten setzt relativ schnell eine Unterscheidung in einen guten und einen schlechten Therapeuten ein. Obwohl dieser Prozess der Spaltung bekannt und erwartbar ist, sind Therapeut und Co-Therapeut verletzlich und leiden oftmals unter den Vergleichen, die die Gruppe vornimmt (Berger, 2002).

Wie für ein Neidgeschehen typisch, heizt diese Spaltung das Klima zwischen Therapeut und Co-Therapeut an, Spannungen und Missverständnisse treten auf. Vorwürfe werden gemacht, etwa dass der Therapeut immer zu spät komme – dieser wiederum vertritt vor dem Co-Therapeuten, dass es nicht sein Fehler sei, wenn er so spät aus dem Klinikdienst entlassen werde und dann noch schnell zur Gruppe eilt. Andere Spannungen betreffen die Tatsache, dass sich einer der Therapeuten eher inkompetent fühlt, was die von den Patienten in der Gruppe geschilderten Probleme angeht, und den Co-Therapeuten als souveräner, kompetenter erlebt. Manchmal gibt es auch Vorwürfe, der Co-Therapeut sei zu passiv, die gesamte Gruppenaktivität würde nur vom Therapeuten gesteuert. Es ist dann wichtig, dass beide Therapeuten solche Ängste und Hilflosigkeiten, aber auch Neidgefühle einander mitteilen. Sie können dann möglicherweise die jeweiligen Kompetenzen des anderen mehr wertschätzen und zulassen, denn: Unterschiede sind wichtig.

Ein wichtiger Punkt – und der verweist auf das Klein'sche Neid-Konzept – ist, dass die Gruppe das Gefühl hat, die beiden Therapeuten freuten sich an ihrer guten Beziehung zueinander und die Gruppe sei eher außen vor. Klein hatte beschrieben, dass das Kind den Eltern die Beziehung zueinander, das Vergnügen miteinander neidet. Dann würde die Gruppe folgerichtig einiges versuchen, um die Therapeuten auseinanderzubringen – wiederum ein Hinweis auf den Neid in der Gruppe (Berger, 2002).

Neid in der therapeutischen Beziehung

Da die psychoanalytische Therapie insbesondere am Anfang mit einer »gewissen Schieflage« beginnt, nämlich mit einem hilfesuchenden Patienten und einem vermeintlich wissenden Therapeuten, der die Hilfe und Unterstützung zu geben verspricht, ist sie aus dieser vertikalen Perspektive anfällig für neidvolle Vergleiche, insbesondere wenn man eine mögliche Überschätzung des Therapeuten (Idealisierung, Zuschreibung von zu viel Macht, Können und Einfluss) bedenkt. Diese Überschätzungen machen im Laufe der Therapie einer realistischeren Einschätzung der Grenzen von Therapeuten (und der analytischen Therapie) Platz und führen zu einer eher an einen horizontalen Dialog angelehnten Interaktion, die es auch möglich macht, dass der Therapeut Missverständnisse, die er verursacht hat, gemeinsam mit dem Patienten ausräumen kann.

Der Neid des Patienten auf den Therapeuten

Ist die psychoanalytische Situation ein Modell eines horizontalen Dialogs, wie Hans Sohni (2004) meint? Ich halte das für eine Idealisierung. Zwar ist es nicht mehr so wie vor einigen Jahrzehnten, als alle Autorität, alles Wissen beim Therapeuten lag (»Ich weiß es und werde es Ihnen jetzt sagen« [Körner, 2016, S.12]). Auch Autoren wie Anderson (2002) und Etchegoyen & Nemas (2003) unterstreichen deutlich, dass die analytische Situation alles andere als eine ebenbürtige Situation ist: »The psychotherapy situation is an unequal situation in a key respect. The psychotherapist has something that the patient wants and needs, namely help. This built-in unequality is present at the outset and throughout the course of the therapy« (Anderson, 2002, S. 470).

Wir sind trotz aller Intersubjektivität noch weit entfernt von einer »Horizontalität« – und es besteht auch die Frage, ob dies so sinnvoll wäre. Die Patienten jedenfalls können an den Therapeuten illusionär überschätzte Macht wahrnehmen, selbst wenn sie diese gar nicht ausüben.

Dass der Analytiker »alles« hat und der Patient nichts, könnte auch im weiteren Verlauf eine Rolle spielen, wo die illusionär überschätzte Macht des Therapeuten, seine angeblich so hervorragenden Lebensumstände und Ähnliches Thema in der Übertragung sein können (Urlić et al., 1998). Trotz aller Hinweise auf ein Nichtzutreffen – die Patienten bleiben dabei. Dabei werden die Grenzen der Analyse und des Therapeuten ignoriert, der Therapeut wird häufig idealisiert. Dies wird auch in veröffentlichten Patientenberichten wie in Tilmann Mosers 1974 erschienenen *Lehrjahre auf der Couch* deutlich. Aus der Sicht von Moser bestand der Wagen seines Therapeuten nicht einfach aus Blech, er war aus »Metablech«

Etchegoyen und Nemas (2003) schildern eine Patientin, die den Therapeuten brauchte, um arbeitsfähig zu sein, zugleich aber jeden Anteil des Therapeuten an ihrer Gesundung vehement verneinte. Die Schilderungen ihrer Beziehungen nicht nur zum Therapeuten, sondern auch zu allen anderen Personen in ihrem Umfeld waren von Neid geprägt, Vergleiche beherrschten das analytische Material. So schildert sie, dass außer ihr keiner einen Fehler ihres Therapeuten bemerken würde – wenn sie jedoch in ihrer Arbeit einen Fehler machte, wüsste es die gesamte Belegschaft sofort. Sie hatte große Schwierigkeiten, ihre Abhängigkeit vom Therapeuten wahrzunehmen. Hier sind Bezüge zur negativen therapeutischen Reaktion zu erkennen, aber auch Arbeit an den Realitäten ist vonnöten.

In der Übertragung zeigt sich demnach der Neid des Patienten auf den Therapeuten, unter anderem an der Abwertung von dessen Arbeit. Eine starke negative therapeutische Reaktion besteht in der Abwertung aller Interventionen als nicht hilfreich, mit dem entsprechenden Gegenübertragungsgefühl beim Therapeuten als inkompetent, unempathisch etc.

In der mittleren Phase geht es um die Durcharbeitung des Neides auf den Therapeuten in all seinen Facetten. Es können sich hier sehr schwierige Momente einstellen mit langen Phasen des aggressiven Schweigens, die für den Therapeuten schwer auszuhalten sind, in denen er sich sehr ohnmächtig, gleichzeitig sehr angespannt fühlt. Im Sinne von Feldman & de Paolo (1994) muss man daran arbeiten, dass sich der Neid nicht auf die reale, sondern auf die idealisierte Mutter-Therapeutin bezieht, die angeblich alles besitzt, was den Patienten fehlt. Im Zuge des Fortschritts der Therapie und der Durcharbeitung wird sich der Therapeut bzw. die Therapeutin eher zu einem »normalen« Objekt, einer »good-enough-mother« im Sinne Winnicotts entwickeln. Der therapeutische Dialog wird dann eher eine horizontale Ebene erreichen. Auch das »rupture and repair«, das heißt die gemeinsame Aufklärung von Missverständnissen dient letztlich dazu, den Therapeuten aus der idealisierten Perspektive herauszuholen. Die Anerkennung, dass es weiterhin Differenzen geben wird und dass das Aushalten von Unterschieden wichtig ist (Anderson, 2002), ist ein weiteres wichtiges Ziel im letzten Abschnitt der Psychotherapie.

Wie gehen die Patienten mit ihren analytischen Geschwistern um? Forderung nach Extra-Stunden oder besonderen Zeiten können auch bedeuten, eine Extraportion von der Therapeutenmutter/dem Therapeutenvater zu bekommen, dass man ein spezieller, wichtiger Patient für den Therapeuten ist. Erinnern wir uns an den Familienroman (Freud, 1909), eine tröstliche Fantasie, dass man das »wahre« Kind ist und alle anderen Geschwister Bastarde. Hier kann der Therapeut auch aktiv ansprechen, welches Erleben der Patient über die analytischen Geschwister hat.

Die Bedeutung von Geschenken in der Übertragungsbeziehung

Melanie Klein hat aggressiven Komponenten in Beziehungen besondere Aufmerksamkeit geschenkt und stärker als Sigmund Freud die Ambivalenz in allen Beziehungen betont. Entsprechend ihrer Konzeption des Neides hat sie auch Geschenke, die von Patienten an Therapeuten gegeben werden, anders eingeordnet, als Freud dies tat. Für Sigmund Freud ging es um eine letztlich anale Gabe: Der Patient gibt etwas, um den Therapeuten zu erfreuen – die libidinöse Komponente ist deutlich. Daher ordnet er den Umgang mit Geschenken auch unter Aspekten der Abstinenz ein.

Für Melanie Klein ist ein Geschenk psychodynamisch letztlich eine Reparationsbemühung an die Mutter, die man durch aggressive Attacken geschädigt hat – eine sicherlich sinnvolle therapeutische Überlegung. In Weiterführung dieser Idee beschäftigt sich Michele Stephen (2000) mit der Frage, warum Geschenke verwunden können (weil man sich klein und inferior fühlt) und warum der Schenkende einen Triumph erleben kann (wenn er sich großartig, überlegen und »reich« fühlt). Ihr war aufgefallen, dass Geschenke oft einen aggressiven Anteil haben, einen Druck erzeugen, etwas zurückzuschenken, und dass sie an Wendepunkten im Leben, insbesondere bei Geburten und Todesfällen, eine besonders große Rolle spielen. Wenn Geschenke nicht aus Lust (nach Freud), sondern aus Schuldgefühlen (nach Klein) gegenüber den eigenen zerstörerischen Impulsen gegenüber jemandem entstehen, der mehr hat, so sind sie als ein Reparationsversuch anzusehen im Sinne der Wiedergutmachung.

Neid und die Schwangerschaft der Therapeutin

Beim Neid unter Frauen geht es in Therapien insbesondere um den Neid auf die Schwangerschaft der Therapeutin (Reencola, 2022). Die eigene Schwangerschaft zwingt Psychotherapeutinnen, reale Informationen in die Behandlung hineinzutragen, das heißt, Neutralität und Anonymität sind teilweise aufgehoben. Insbesondere im Bereich der Kinder- und Jugendlichentherapie, in denen (junge) Therapeutinnen deutlich häufiger vertreten sind als im Bereich der Erwachsenentherapie, kommt es zu Schwangerschaften, sind also die Patienten mit der Schwangerschaft der Therapeutin konfrontiert.

Durch die Schwangerschaft ist die Fähigkeit der Therapeutin beeinträchtigt, extreme Gefühle auszuhalten, es kann zu einem Rückzug und zur inneren Abwendung kommen (Diez Grieser, 2006). Zugleich reaktiviert die Schwangerschaft der Therapeutin bei den jungen Patienten frühe Fantasien, die um das Innere des mütterlichen Körpers kreisen, wie schon bei Melanie Klein (1945) beschrieben. Neben der Idealisierung der schwangeren

Therapeutin als gute Mutter kann es verstärkt zu negativen Gefühlen gegenüber der Therapeutin kommen, die durch Verlustangst, insbesondere durch Neid auf das »Geschwister« gekennzeichnet sind. So können manche Kinder in den Therapien sehr aggressiv werden und den Bauch der Therapeutin attackieren. Die von Diez Grieser geschilderten Behandlungen mit weiblichen Jugendlichen zeigen, dass der Neid auf die schwangere Therapeutin sowohl bei Patienten auftritt, die sehr gut, als auch bei solchen, die eher schlecht in ihrer Ursprungsfamilie bemuttert wurden.

Aber auch erwachsene Patienten sind durch die Schwangerschaft einer Therapeutin oftmals mit der Bewältigung früher Neidgefühle und der Wahrnehmung des Ausgeschlossenseins aus der ödipalen Situation konfrontiert, und es ist wichtig, dass sie diese Gefühle zur Sprache bringen, damit sie in der Therapie bearbeitet werden können. Verschüttete Gefühle gegenüber der eigenen Mutter können dann verbalisiert werden (Reencola, 2022).

Die Sexualität der Therapeutin wird durch die Schwangerschaft sichtbar und definiert diese als eine Frau, die einen Partner hat. Es kann Neid entstehen auf das, was die Therapeutin hat (Mann, Sexualität, Kind) und es gibt Fallschilderungen wie jene bei Carolyn S. Ellman (2000), in denen die Patientin versucht, zwischen die Therapeutin und ihren Mann zukommen und deren Beziehung aus Neid zu zerstören. Eine andere Patientin hat die Angst, man würde ihr alles, was sie hat, wegnehmen.

Die destruktiven Wünsche lösen gleichzeitig starke Schuldgefühle aus. Das Ziel von tiefem Neid ist es, die Mutter und nun die Therapeutin zu berauben oder gar zu zerstören. Mit der Zerstörung des Neidobjekts ist der Grund des Neides aus der Welt geschafft. Rivalität um die schwangere Therapeutin läge dann vor, wenn man versucht, die Therapeutin als Liebesobjekt zu gewinnen und den Rivalen (Partner der Therapeutin) auszustechen. In diesem Fall sind Mann und Kind »störend« und treten zwischen die Patientin und die schwangere Therapeutin. In den meisten Fallschilderungen des Umgangs von Patientinnen mit ihrer schwangeren Therapeutin handelt es sich aber eher um Neidgefühle.

Der Neid druckt sich darin aus, dass die Therapeutin alles besitzt (einen Beruf, einen Mann und nun auch noch ein Baby), während sich die Patientin als leer erlebt. Rosemarie Barwinski Fäh

(1992) berichtet, dass eine ihrer Patientinnen extreme Schwierigkeiten hatte, ihre Wut zu benennen: entweder war die Wut so gewaltig, dass sie drohte, die Therapeutin zu zerstören, oder aber sie fürchtete sich vor den vermeintlichen, fantasierten Racheattacken der Therapeutin. Die Angst vor den eigenen destruktiven Affekten, die unbewusste Fantasie der »leeren Mutter«, die man ausgeraubt hat, sind auch bei den Fallschilderungen von Ellman (2000) sehr prominent. Andere Patienten erlebten die Schwangerschaft als gegen sie gerichtet: Sie sind »ungenügend«, ein neues Geschwisterchen muss her. Bei vielen Patienten äußert sich der Neid und Hass auch nicht direkt, sondern in Form einer entwertenden und versteckt vorwurfsvollen Haltung der Therapeutin gegenüber.

Der Neid des Therapeuten

Da der Neid von einem Vergleich ausgeht, kommen Therapeuten nicht selten in die Situation, dass sie sich mit ihren Patienten hinsichtlich verschiedener Merkmale (Attraktivität, Erfolg, Reichtum und Besitz) vergleichen und Neidgefühle entstehen können (Witman & Bloch, 1990). Peter Kutter (2002) erwähnt den *Generationenneid*: Die Kinder neiden den Eltern die Macht und alles, was sie besitzen und können, und die Erwachsenen neiden den Kindern die Jugend und Kraft, inklusive der heutigen Möglichkeiten. Dieses Phänomen kann auch in der therapeutischen Beziehung eine Rolle spielen, wenn der Patient dem Therapeuten die illusionär überschätzte Macht neidet.

Allerdings kann auch der Therapeut, beispielsweise in der Therapie mit jungen Erwachsenen, dem Patienten die heutigen Möglichkeiten der freien Exploration in der Partnerbeziehung, das Ausprobieren unterschiedlicher beruflicher Möglichkeiten, die großzügige Gewährung von Stipendien für Auslandsaufenthalte etc. neiden. Videotherapien, wenn Patienten im Ausland weilen, können durchaus Neid produzieren, wenn der Patient vor einer Kulisse vor Palmen im T-Shirt und der Therapeut im regnerischen Hamburg im Rollkragenpullover vor dem Bildschirm sitzt. Möglicherweise entsteht beim Therapeuten auch Neid, weil er findet, der Patient habe eine »bessere« Therapie, als es der Therapeut in seiner Ausbildung selbst hatte. Er kann Patienten also die Jugend neiden und die Tatsache, dass sie so unterstützend und empathisch therapiert werden (wie er es tut).

Die Tatsache, dass auch Therapeuten negative Gefühle gegenüber ihren Patienten haben, wird gerne verleugnet (Rappaport, 1998). Insbesondere bei schwer gestörten Personen, zum Beispiel bei Borderlinepatienten oder psychotischen Patienten, kann es dem Therapeuten schwerfallen, die bizarren Übertragungsangebote anzunehmen. Bei depressiven Patienten kann man sich ausgehöhlt fühlen durch die ständigen Ansprüche an Versorgung, und man kann erleben, dass Therapeuten sich innerlich zurückziehen oder auf eine supportive Haltung ausweichen, anstatt sich auf die aggressive und destruktive Verwendung einzulassen und diese dann zu deuten. David Rappaport schildert, wie er sich bei einem Patienten an den Rand der Verzweiflung und Erschöpfung getrieben fühlte und allmählich resignierte. Für ihn ist diese Resignation und Erschöpfung oft mit einer (verleugneten) Wut auf den Patienten verbunden, ein klarer Interessenkonflikt ist entstanden zwischen den Bedürfnissen des Patienten und denen des Therapeuten. Diese Erschöpfung aufgrund von Überversorgung und der Hass auf den Patienten wird in der folgenden Vignette (Panagiotidis, 2019) deutlich:

> In der Behandlung eines narzisstischen Patienten mit einer Arbeitsstörung und einer querulantischen Haltung im Beruf wurde das allmächtige Kontrollbedürfnis, die erlebte Einzigartigkeit sowie der Neid auf andere, erfolgreichere Personen sehr deutlich. In vielen beruflichen Kontexten spielte der Patient sich grandios auf, wertete, obgleich selbst noch nicht mit seiner Ausbildung fertig, Arbeitskollegen und Chefs in Institutionen, in denen er ein Praktikum machte, ab und argumentierte höhnisch über deren »schlechte Leistung«. Neid auf Männer, die im Rang über ihm standen, war sehr deutlich.
>
> In der Gegenübertragung fühlte sich der Therapeut vollständig kontrolliert und vereinnahmt durch den Patienten. Er müsse ständig parat sein für ihn und seine Bedürfnisse. Der Therapeut hatte immer wieder den Impuls, ihm anzubieten, er könne ihm E-Mails schreiben, wenn er in Not sei, sodass er sofort einspringen und helfen konnte. Wenn eine Therapiestunde

auf einen Feiertag fiel, war der Therapeut sofort bereit, diese auf einen anderen Tag zu verschieben.

Es wurde in der Supervision auffällig, dass der Therapeut den Patienten auf keinen Fall kränken wollte, extrem vorsichtig mit ihm umging wegen der Ahnung, er könnte böse werden. Der Patient ignorierte den Therapeuten als autonome Persönlichkeit, versuchte in dessen psychische Welt einzudringen und sich dort Platz zu verschaffen. Der Therapeut erkannte relativ früh, wie der Patient versuchte, ihn in die Wiederholung seines verinnerlichten Konflikts zu verwickeln. Durch seine Kontrollversuche ließ er ihn erleben, wie es ihm gegangen war, Abhängigkeit zu ertragen, und wie das mit großer Wut verbunden gewesen war.

In der Supervision wurde zudem deutlich, dass sich in der Gegenübertragung die Rollen verkehrt hatten: Durch projektive Identifizierung fühlte sich der Therapeut wie ein bedürftiges Kind gegenüber unersättlichen und überstrengen Eltern, ein Kind, das sich wenig wehren konnte und sich in die Ecke getrieben fühlte. Derart in die Enge getrieben, löste das beim Therapeuten Aggressionen dem Patienten gegenüber aus. Er entwickelte die Fantasie, einen praktischen Grund zu erfinden, um die Therapie abzubrechen.

Die Bearbeitung der negativen Übertragung nach viel Containment war notwendig geworden. Es war nicht einfach für den Therapeuten, aus seiner »helfenden« Haltung herauszufinden und die Aggression des Patienten zu deuten. Dessen Selbstherrlichkeit hinderte ihn, seinen eigenen Anteil an den Situationen zu sehen. Er machte stets das Gute, das er von anderen bekommen hatte, kaputt. Der Therapeut machte dem Patienten deutlich, dass seine Aggressionen in der therapeutischen Beziehung Platz finden könnten, statt dass er die Wut in Nebenübertragungen ausagiere.

Die Erwartung an die Dankbarkeit der Patienten

Dankbarkeit ist eine spezifische Form von Objektbeziehung zwischen einem selbstlosen Helfer und einer Person, die die bekommene Hilfe wertschätzt. Zu den Gegenübertragungsphänomenen, die wenig beachtet sind und im Kontext von Neid und Neidbearbeitung eine wichtige Rolle spielen, zählt die Erwartung des Therapeuten an die Dankbarkeit von Patienten. Sie ist eine wesentliche Bestätigung seiner Kompetenz. Die Erwartung an die Dankbarkeit von Patienten kann als stille, wenig bewusste Haltung vorhanden sein, aber auch sehr massiv werden bei Patienten, für die man sehr viel getan hat und die undankbar erscheinen.

Wie Glen O. Gabbard (2000) ausführt, kann unser Wunsch, etwas zurückzubekommen von unseren Patienten, der Wunsch, dass diese Dankbarkeit und Wertschätzung ausdrücken, direkt mit unbewussten Wünschen bei der Berufswahl verbunden sein. Neben altruistischen Motiven spielte der Wunsch nach Hilfe für einen selbst eine Rolle. Dazu zählt, etwas von den Patienten zurückzubekommen, dass das Selbst stabilisiert: »We offer understanding, caring and affirmation, but we hope to receive gratitude and appreciation for our efforts (Gabbard, 2000, S. 698.) Insbesondere undankbare Patienten machen uns unsere unbewussten Motive deutlich. Ein dankbares Objekt zu haben, macht es uns möglich, Tag für Tag wieder in den Behandlungsraum zurückzukehren und viele Belastungen (etwa durch das Containment der negativen Affekte des Patienten) auf uns zu nehmen.

Melanie Klein hatte beschrieben, dass Neid das Objekt zerstört, und dass Dankbarkeit ein Entwicklungsgewinn ist, der entsteht, wenn man erlebt, dass man das Gute im Objekt nicht zerstört hat, dass das Objekt die zerstörerischen Fantasien und Angriffe »überlebt« und ausgehalten hat. Neid bei Patienten verhindert, dass sie anerkennen können, dass der Therapeut ihnen geholfen, ihnen etwas Gutes gegeben hat. Die Wahrnehmung, dass man Dankbarkeit von seinen Patienten erwartet, wird oft nicht zugelassen, und wenn sie bewusst ist, ist sie oft mit Schuldgefühlen und Scham verbunden. Bereits Sigmund Freud hatte eine ständig jammernde Patientin mit »Sie ist halt a Quetsch« betitelt und angedeutet, das anklagende, jammernde Patienten, die mit keiner therapeutischen Intervention zufrieden sind, eine ziemliche Belastung sein können. Auch seine Aussagen in einem der Briefe an seine Kinder (Meyer-Paledo, 2006) deuten an, dass die Arbeit mit Patienten eine mühevolle, oftmals nicht von Erfolg gekrönte, undankbare Arbeit sein kann. Es ist also verständlich, dass man dafür ein Stück Dankbarkeit erwartet.

Patienten, die endlos darüber klagen, was ihnen von anderen angetan werde und wie sehr sie im Leben zu kurz gekommen seien, kennt jeder (siehe unten auch zur Verbitterung), und es ist eine häufige Erfahrung, dass diese Klagen und Vorwürfe sich dann in Kürze an den »uneinfühlsamen, zu wenig präsenten Therapeuten« richten.

Glen O. Gabbard (2000) schildert einen extrem undankbaren Patienten, der alle Initiativen und Bemühungen des Therapeuten zunichtemachte und abwertete (»it is my aim to get you angry«, S. 702) und der – das erboste Gabbard besonders – immer wieder in den Stunden einschlief, sodass Gabbard »auf dem Trockenen saß«. Schließlich war das Ende der Therapie nahe, und der Patient kommentierte seine therapeutischen Bemühungen und ihre Beziehung mit »Being with an analyst is like having a dog – the dog is faithfull, caring and does not say much« (ebd., S. 706), was man als ein Kompliment mit Spitzen sehen könnte, also eine Form der Neidbearbeitung. Für das Erleben von Dankbarkeit ist die Anerkennung eines selbstlosen Helfers, des Therapeuten, und eines abhängigen, hilflosen Patienten notwendig. Und genau diese Abhängigkeit war für den Patienten schwer zu ertragen. Wenn der Therapeut scheiterte, und vielleicht hatte er es darauf angelegt, wäre das für ihn ein Erfolg gewesen (»failure is sucess«, sagte er einmal). Hier sehen wir den engen Bezug zur negativen therapeutischen Reaktion.

Neid, negative therapeutische Reaktion, Sadismus in der Übertragung

Die negative therapeutische Reaktion ist eines der belastendsten Phänomene, mit denen wir in psychoanalytischen Behandlungen konfrontiert werden. Sie kann zu Stillstand, Rückschritten, in malignen Fällen zu Behandlungsabbruch und anderem destruktiven Agieren führen. Versteht man aber die negative therapeutische Reaktion als ein Produkt des Übertragungsgeschehens zwischen Patienten und Analytiker, ermöglicht das Phänomen einen neuen Blick auf die innerpsychischen Themen und Konflikte, die den Patienten in die Behandlung brachten. Jochen Lellau (2018, S. 176) schildert einen typischen Fall:

> »Auf jeden therapeutischen Fortschritt, durch den er sich während der Sitzung und noch einige Zeit danach freier und weniger angespannt fühlte, folgte in der nächsten Sitzung eine Verschlechterung mit Hoffnungslosigkeit, Selbstanklage und Wiederherstellung der Anspannung. Dieses Muster war einfach, wir brauchten aber Jahre, um es zu identifizieren: Es lief subtil ab; der Patient war intelligent, redegewandt und in der Lage, seine tatsächlichen affektiven Zustände so zu verundeutlichen, dass ich mich immer wieder täuschen ließ. Hinzu kam mein eigener Unwille, das ständige einen Schritt vor, einen Schritt zurück als solches anzuerkennen, und mein Wunsch, die erzielten Fortschritte wichtig zu nehmen.«

Sigmund Freud bringt die negative therapeutische Reaktion mit dem Todestrieb in Verbindung. Melanie Klein (1957, S. 228) bringt dagegen die negative therapeutische Reaktion mit dem Neid direkt in Verbindung:

> »Demgemäß spielt Neid […] in der negativen therapeutischen Reaktion eine wichtige Rolle […]. Das Bedürfnis des Patienten, gerade die erlebte Hilfe zu entwerten, ist ein Ausdruck des Neides […]. Alle diese Haltungen gehören zu negativen therapeutischen Reaktionen, weil sie den schrittweisen Aufbau eines guten Objekts in der Übertragungsreaktion stören und deshalb – so wie in der frühesten Situation die gute Nahrung und das erste Objekt nicht assimiliert werden konnten – den Erfolg der Analyse in der Übertragungssituation verhindern. So können wir aus dem Zusammenhang des analytischen Materials manchmal erschließen, was der Patient als Säugling der mütterlichen Brust gegenüber empfand«.

Herbert Rosenfeld (1987) gelang es mit seiner Begriffsbildung des destruktiven Narzissmus, die Überlegungen Freuds und Kleins zusammenzubringen und für die klinische Perspektive weiterzuentwickeln. In seinem letzten Buch *Sackgassen und Deutungen* beschäftigte er sich ausführlich mit dem Phänomen der negativen therapeutischen Reaktion. Für Lellau (2018) eröffnete der Hinweis Freuds, die negative therapeutische Reaktion im Zusammenhang mit Aspekten des Todestriebkonzepts zu denken, einen produktiven Blick. Er versteht die negative therapeutische Reaktion ebenfalls als gegen den Analytiker gerichteten Sadismus der Patienten: Anstatt sich umzubringen oder zu schädigen, greifen sie den Therapeuten an, entwerten ihn und bringen ihn in eine Situation von Ohnmacht und Verzweiflung.

Nach Jochen Lellau (2018) ist aber auch zu bedenken, dass die negative therapeutische Reaktion einen Wunsch nach Stillstand in der Behandlung signalisieren kann, denn Veränderungen machen Angst. Es entsteht das, was wir »Sadismus in der Übertragung« nennen: Mit Häme, Verachtung und kalter Wut wird dem Therapeuten vorgeführt, dass Veränderung nichts ist und Stillstand alles. Dennoch ist die Wendung gegen den Therapeuten, so paradox es klingt, ein Schritt in Richtung Lebenswille, weg von der Selbstzerstörung.

Im sadistischen Angriff auf den Therapeuten verlässt der Patient die Position des depressiven Rückzugs und nimmt zum Therapeuten Kontakt auf, oftmals durch projektive Identifizierung. Dies ist, so Lellau, eine kritische Phase in der Behandlung, da der Patient nicht weiß, wie wir auf seine Angriffe reagieren. Da seine Objektvorstellungen destruktiv sind, erwartet er von uns – und dies wäre die Klein'sche Perspektive – ein Beziehungsmuster, dass wir seinen Angriff mit vernichtender Härte beantworten werden. Hier ist es wichtig, die Wahrnehmung des Patienten zu bestätigen (»Sie sehen mich als ein unbrauchbares und entwertetes Objekt«) und sich als unzerstörbar zu erweisen. Es muss aber nicht nur das Lebensverneinende im Therapeuten untergebracht werden, sondern auch das Lebensbejahende: Wie man an der Gegenübertragung spüren kann, ist oftmals ein Stück einer positiven Beziehung erhalten. So beschreibt Lellau, dass er sich, nachdem er den Mechanismus verstanden hatte, trotz aller Qualen auch auf die Stunden mit dem Patienten freute.

Die Verbitterungsstörung: ein therapeutisch unterschätztes Phänomen

Verbitterungsstörungen treten nach ungerecht und kränkend erlebten Lebensereignissen auf und sind keine neue Krankheit. Man beobachtet sie vor allem bei gesellschaftlichen Umwälzungen (z. B.

Mauerfall, Corona-Pandemie und die damit verbundenen Verluste und Einschränkungen), aber auch persönlichen belastenden Lebensereignissen und Krisen wie Verlusterfahrungen (Verlust des Partners, Verlust des Arbeitsplatzes, Mobbing, eigene schwere Erkrankung). Der gemeinsame Nenner ist, dass diese Erfahrungen und Erlebnisse als sehr ungerecht, kränkend und demütigend wahrgenommen werden. Die Patienten fühlen sich hilflos, ausgeliefert oder »über den Tisch gezogen« (Lieberei, 2023). Aber nicht nur die Auslöser sind entscheidend, sondern auch die Folgen, denn es können sich erhebliche leidvolle Störungen entwickeln mit einer anhaltenden Verbitterung als Leitaffekt, ausgeprägtem Vermeidungsverhalten, sozialem Rückzug, langen Zeiten der Arbeitsunfähigkeit und dem Wunsch nach Frühberentung. Insbesondere in Rehabilitationseinrichtungen sind Verbitterungsreaktionen bzw. ausgeprägte Verbitterungsstörungen berichtet worden; die überwiegende Mehrzahl der Personen leidet extrem unter den als ungerecht erlebten Lebenserfahrungen, etwa jeder Dritte berichtet ausgeprägte Verbitterungsgefühle (Linden & Arnold, 2021).

Verbitterung ist zunächst ein Alltagsaffekt, den nahezu jeder Mensch kennt. Es können sich allerdings krankheitswertige Verbitterungsstörungen entwickeln mit ausgeprägtem Leidensdruck und schwersten Beeinträchtigungen des alltäglichen Lebens, zum Beispiel in der *Posttraumatischen Verbitterungsstörung* (Posttraumatic Embitterment Disorder, PTED). Als historisches Beispiel für eine posttraumatische Verbitterungsstörung führt Michael Linden (2017) den Kaufmann Hans Kohlhase aus Cölln an, der in Heinrich von Kleists *Michael Kohlhas* literarisch umgesetzt wurde. Auslöser für das Gefühl der Benachteiligung, des Zu-kurz-gekommen-Seins und der Ungerechtigkeit war, dass seine Pferde widerrechtlich von einem Junker beschlagnahmt worden waren. Ein Prozess gegen diesen scheiterte und führte in der Folge zu immer selbstzerstörerischer werdenden Racheakten Kohlhas', darunter Entführung, Plünderung und Brandstiftung.

Die PTED ist dadurch gekennzeichnet, dass ein einzelnes einschneidendes Lebensereignis, das als ungerecht und kränkend erlebt wird, innerhalb kurzer Zeit zu einem schweren chronischen Verbitterungserleben mit hohem Krankheitswert und massiven, langanhaltenden Alltagseinschränkungen führt. Körperliche Symptome sind häufig (Schlafstörungen, Appetitverlust, Schmerzen), Selbstvorwürfe ebenso, weil man das Ereignis nicht verhindern konnte. Zudem treten Suizidgedanken auf, wiederkehrende Rachefantasien und konkrete Ideen zum Suizid bis hin zum erweiterten Suizid sowie querulantische Hartnäckigkeit, sich das Vorenthaltene zurückzuholen.

Einige Merkmale ähneln den Anpassungsstörungen, aber das klinische Bild zeigt doch einige Besonderheiten. Zunächst waren die Betroffenen psychisch unauffällig und attribuieren ihr Befinden klar diesem auslösenden Ereignis. Sie erleben sich als Opfer, schildern Hilflosigkeit und massive Wut, leiden unter intrusiven Erinnerungen und Rachefantasien sowie aggressiven Impulsen gegen sich und andere. Hier werden besonders negative Affekte wie Aggression und Wut deutlich und das Bedürfnis, andere zu schädigen – Merkmale, die für Melanie Klein psychodynamisch dem Neid zuzuordnen sind. Bei einer Abfolge von mehreren als ungerecht erlebten Lebensbelastungen kann sich eine *komplexe Verbitterungsstörung* entwickeln.

Eine PTED klingt in der Regel nicht von selbst ab, sondern neigt zur Chronifizierung. Betroffene finden sich in einem Teufelskreis von sich gegenseitig verstärkenden negativen Emotionen gefangen, die häufig in eine selbstzerstörerische Abwärtsspirale münden. Wird die PTED nicht rechtzeitig angemessen behandelt, besteht ein deutlich erhöhtes Risiko, dass Rachefantasien gegenüber dem Verursacher in die Tat umgesetzt und dabei schwerste Verbrechen begangen werden (Linden, 2017). Die Abgrenzung von Paranoia, Persönlichkeits- und Anpassungsstörungen ist unbedingt wichtig.

Verbitterungsstörungen werden fälschlicherweise oft als depressive Störungen eingeordnet und behandelt. Allerdings lassen sie sich deutlich auch von depressiven Störungen abgrenzen. Während depressive Patienten sich vital gehemmt, insbesondere aggressiv gehemmt fühlen und einen niedergestimmten Affekt zeigen, sind Patienten mit einer Verbitterungsstörung sehr vital und zeigen ausgeprägte negative Affekte wie Wut und Ärger. Antidepressiva bleiben bei schweren Verbitterungsstörungen nahezu wirkungslos.

Viele dieser Patienten berichten in den Erstgesprächen von »Hass und unbändiger Wut«, dass ihr »Leben verpfuscht« sei, dass sie nicht mehr an ihre Arbeitsstelle zurückkehren wollten, dass sie »sauer auf den Staat, das medizinische Personal« seien (Lieberei, 2021) und dass sie kein Vertrauen in den Therapeuten, die psychotherapeutische oder Rehabilitationseinrichtung haben. Ein therapeutischer Zugang gestaltet sich also sehr schwierig – auch dies ist ein Unterschied zu depressiven Patienten. Hinzukommt, dass es sich meist um geschickte Patienten handelt. Sie kommen häufig auf Druck von Angehörigen, behandelnden Ärzten oder Kostenträgern und erleben ihre psychische Verfassung nur selten als krankheitswertig, sondern als eine angemessene Reaktion auf das, was ihnen angetan, weggenommen wurde. Daher erwarten sie vom Therapeuten keine Hilfe, weil der eingetretene Verlust nicht mehr rückgängig zu machen ist (»Sie können meinen Mann auch nicht wieder lebendig machen«). Ablehnung und Misstrauen in den Erstgesprächen sind groß, und auf gutgemeinte Ratschläge reagieren sie meist empört, sie fühlen sich in ihrem Leid nicht verstanden und nicht gewürdigt.

Für den Aufbau eines Arbeitsbündnisses braucht man relativ lange Zeit, und es scheint essenziell zu sein, dass sich die Patienten in ihrem Groll, ihrer Wut angenommen und verstanden fühlen. Allzu schnelle Zielsetzungen, dass man das Ganze auch anders sehen könnte, das heißt Interventionen gleich zu Beginn, die auf eine veränderte Wahrnehmung und Bearbeitung hinauslaufen, sind eher problematisch und können das Misstrauen verstärken. Beim Aufbau der therapeutischen Beziehung ist es daher wichtig, zunächst die negativen Gefühle von Wut und Rache aufzunehmen und zu verstehen bzw. sogar spiegelnd und empathisch zu beantworten (»Während ich Ihnen zuhöre, bekomme ich selbst Wut auf Ihren Chef«, »Es ist einfach ungerecht, dass Ihnen so viele Schicksalsschläge widerfahren sind«).

Wie Barbara Lieberei schreibt, sollte man sich »ohne Wenn und Aber auf die Seite der Patienten stellen und mit ihnen warmherzig-verstehend gemeinsam auf die erlittenen Kränkungen und Ungerechtigkeiten blicken« (Lieberei, 2023, S. 68), dafür sollte ausreichend Zeit aufgebracht werden. Der Therapeut sollte das Leid in allen Facetten nachvollziehen und verstehen, dass es keine einfachen Lösungen gibt und manches unwiederbringlich vorbei und nicht »zu reparieren« ist. Ziel der weiteren Therapie könnte dann sein, gemeinsam zu einem veränderten Umgang mit den

Schicksalsschlägen zu kommen und zu verstehen, dass schwierige Lebensereignisse und Krisen zum Leben gehören. Lieberei hat gute Erfahrungen mit Konzepten aus der Weisheitstherapie gemacht, in denen es unter anderem um die zeitliche und situative Einbettung von Problemen (»Damals kamen viele Männer nicht aus dem Krieg zurück«), den Perspektivenwechsel (»Wie haben dies andere Beteiligte erlebt?«), Fähigkeit zur Relativierung und Bescheidenheit (»Im Vergleich zu anderen Problemen in der Welt bin ich noch ganz gut dran«) und Ungewissheitstoleranz (»Vieles können wir nicht wirklich beeinflussen oder verändern«) ging. Diese Ideen sind auch wichtige Anregungen für psychodynamisch arbeitende Therapeuten.

Sensibel werden für die Neiddynamik: Schlussbemerkungen

Sowohl die Penisneid-Konzeption von Sigmund Freud, insbesondere seine Aufspaltung (Angst beim Mann, Neid bei der Frau), als auch die Neid-Konzeption von Melanie Klein stießen auf viel Protest. Nicht nur die These des angeborenen Neides, die angeblich seit Geburt vorhandenen Fähigkeiten zum Fantasieren, sondern auch Kleins extrem körperbezogenen drastischen Schilderungen des (vermeintlichen) Körpererlebens von kleinen Kindern stießen auf Unverständnis und Ablehnung. Allerdings hat sich in den folgenden Jahren dann durch die »Entgiftung« einiger Kleinianischer Konzepte durch ihre ehemaligen Schüler Segal, Winnicott, Bion und in den letzten Jahrzehnten Kernberg gezeigt, welchen enormen klinischen Nutzen die Konzepte von frühen Spaltungsprozessen, von Destruktivität insbesondere in der Behandlung von schwer gestörten Patienten haben.

Heute sind die Konzepte der projektiven Identifizierung und der negativen therapeutischen Reaktion nicht mehr aus dem klinischen Alltag wegzudenken, und die Sensibilisierung für verschiedene Formen der Neidabwehr von der Entwertung bis hin zur altruistischen Abtretung erwiesen sich als ungemein nützlich. Schon Melanie Klein hatte betont, dass unbearbeiteter Neid verhindert, dass Patienten das Gute in der therapeutischen Beziehung, im Objekt, internalisieren können und dass sie durch die Neidbearbeitung in ihren Außenbeziehungen, in ihren Kompetenzen wachsen können. Neid kann zerstörerisch sein, insbesondere in seiner malignen Form, aber Neidbearbeitung bringt durchaus einen Entwicklungsgewinn.

Auch das Konzept der Dankbarkeit, von Klein in den Kontext einer geglückten Neidbearbeitung gestellt, ist therapeutisch ein Gewinn, macht es uns doch sensibel für die Erwartungen von Therapeuten an ihre Patienten. Die ursprüngliche Aufspaltung – »Freud hat die Sexualität achtbar gemacht, Melanie Klein die Aggression«, so Winnicott – ist zunehmend einer integrativen Perspektive gewichen. Die Kritik an dem ausschließlichen Fokus von Klein auf der inneren Bühne hat in den letzten Jahren verstärkt dazu geführt, gesamtgesellschaftliche und politische Aspekte des Neidgeschehens zu analysieren, was eine fruchtbare weitere Ergänzung und Fortentwicklung darstellt, denn Neid entsteht immer in einem bestimmten sozialen und gesellschaftlichen Kontext.

Literatur

Aguayo, J. (2000). Patronage in the dispute over child analysis between Melanie Klein and Anna Freud 1927–1932. *International Journal of Psychoanalysis, 81*, 733–752.

Aguayo, J. (2002). Reassessing the clinical affinity between Melanie Klein and D. W. Winnicott (1935–51): Klein's unpublished »notes on baby« in historical context. *International Journal of Psychoanalysis, 83*, 1133–1152.

Anderson, R. E. (2002). Envy and jealousy. *American Journal of Psychotherapy, 56*, 455–479.

Barth, D. (2000). Gebär(mutter)neid. In W. Mertens & B. Waldvogel (Hrsg.), *Handbuch psychoanalytischer Grundbegriffe* (S. 216–220). Stuttgart: Kohlhammer.

Bartlett, M. Y. & DeSteno, D. (2006). Gratitude and prosocial behavior. Helping when it costs you. *Psychological Science, 17*, 319–325.

Barwinski Fäh, R. (1992). Schwangerschaft hinter der Couch. Von der Feindseligkeit der Töchter ihren Müttern gegenüber am Beispiel der Reaktionen von Patientinnen auf die Schwangerschaft ihrer Psychoanalytikerin. In: Camenzind, E. & Knuessel, K. (Hrsg.), *Starke Frauen – Zänkische Weiber? Frauen und Aggressionen* (S. 203–219). Zürich: Kreuz Verlag.

Baumeister, R. F.& Ilko, S. A. (1995). Shallow gratitude: Public and private acknowledgement of external help in access of success. *Basic and Applied Social Psychology, 16*, 191-209.

Beck, W. (1998). Neid und Eifersucht in der Gruppenanalyse. *Gruppenanalyse, 8*, 211–216.

Benjamin, J. (1990). *Die Fesseln der Liebe.* Frankfurt a. M.: Stroemfeld.

Benjamin, J. (1996). In defense of gender ambiguity. *Gender and Psychoanalyses, 1*, 1–30.

Berger, M. (2002). Envy and generosity between co-therapists. *Group, 26*, 107-121.

Bergmann, M. S. (1997). The historical roots of psychoanalytic orthodoxy. *International Journal of Psychoanalysis, 78*, 69–86.

Berman, E. (2003). On Joseph Aguayo »Reassessing the clinical affinity between Melanie Klein and D. W. Winnicott«. *International Journal of Psychoanalysis, 84*, 445–446.

Berman, E. (2006). Die Beziehung zwischen Klein und Winnicott. Und die Debatte über inner und äußere Realität. *Forum der Psychoanalyse, 22,* 374–385.

Bernardi, R. (2002). The need for true controversies in psychoanalysis: The debates on Melanie Klein and Jacques Lacan in the Rio de la Plata. *International Journal of Psychoanalysis, 83,* 851–873.

Bernstein, D. (1993). Weibliche genitale Ängste und Konflikte und die typischen Formen ihrer Bewältigung. *Psyche – Zeitschrift für Psychoanalyse und ihre Anwendungen, 47,* 530–559.

Blass, R. B. (2013). Über verschiedene Bedeutungen von Spaltung. *Psyche – Zeitschrift für Psychoanalyse und ihre Anwendungen, 67,* 97–119.

Boll, T., Ferring, D. & Filipp, S.-H. (2001): Struktur und Folgen elterlicher Ungleichbehandlung von Geschwistern: Forschungsstand und -desiderate. *Zeitschrift für Entwicklungspsychologie und Pädagogische Psychologie, 33,* 195–203.

Born, G. (1998). Anthropology, Kleinian psychoanalysis, and the subject in culture. *American Anthropologist, 100,* 373–386.

Bott Spillius, E. (1993). Varieties of envious experience. *International Journal of Psychoanalysis, 74,* 1199–1212.

Bowlby, J. (1988). *A secure base: Clinical applications of attachment theory.* London: Routledge.

Bruehl, J. & Würminghausen, P. (2023). Lastenrad statt Luxusschlitten. *Süddeutsche Zeitung,* 30.9.23, S. 21.

Brunner, J. (1997). Fear and envy: Sexual difference and the economies of feminist critique in psychoanalytic discourse. *Science in Context, 10,* 129–170.

Burke, N. (2000). On the domestication of envy. *Psychoanalytic Psychology, 17,* 497–511.

Capps, D. (2017). Das Ersatzkind. Das Urteil des Salomo und die Sublimierung des Geschwisterneides. *Psyche – Zeitschrift für Psychoanalyse und ihre Anwendungen, 71,* 922–938.

Cartwright, L. (2004). »Emergencies of survival«: Moral spectatorship and the »new vision of the child« in postwar child psychoanalysis. *Journal of Visual Culture, 3,* 35–49.

Chasseguet-Smirgel, J. (Hrsg.) (1979). *Psychoanalyse der weiblichen Sexualität.* Frankfurt a. M.: Suhrkamp.

Chodorow, N. (1999). *The reproduction of mothering. Psychoanalysis and the Sociology of Gender.* Berkely, Los Angeles.

Circirelli, V. G. (1995). *Sibling relationships across the life span.* New York: Routledge.

Cohen, B. (1988). *Der ganz normale Neid. Positiver Umgang mit einem verdeckten Gefühl.* Zürich: Kreuz Verlag.

De Bianchedi, E. T., Etchegoyen, R. H., De Moreno, V. U., De Urman, D. N. & Zysman, S. (2003). Erna and Melanie Klein. *International Journal of Psychoanalysis, 84,* 1587–1603.

De Mendelsohn, F. (2015). Warum ist der erste Mord in der Geschichte ein Geschwistermord? In Hirsch, M. (Hrsg.), *Das Kindesopfer-eine Grundlage unserer Kultur* (S. 91–112). Gießen: Psychosozial-Verlag.

De Paola, H. (2001). Envy, jealousy and shame. *International Journal of Psychoanalysis, 82,* 381–384.

Deal, S.N. & Maclean, J. (1995) Disrupted lives. Siblings of disturbed adolescents. *American Journal of Orthopsychiatry, 63,* 274–281.

Diez Grieser, M.T. (2006). Die Schwangerschaft der Psychotherapeutin. *Kinderanalyse – Zeitschrift für die Anwendung der Psychoanalyse in Psychotherapie und Psychiatrie des Kindes- und Jugendalters, 14,* 172–195.

Doering, S. (2016). *Übertragungsfokussierte Psychotherapie.* Göttingen: Vandenhoeck & Ruprecht.

Döll-Hentschker, S. (2017). Geschwister(er)leben – eine zu wenig beachtete psychische Dimension. Eine Literaturübersicht. *Psyche , 71*, 738-779.

Donner, M.B. (2006). Tearing the child apart. The contribution of narcissism, envy, and perverse modes of thought to child custody wars. *Psychoanalytic Psychology, 23,* 542–553.

Dostojewski, F. M. (2010). *Die Brüder Karamasow*. Anaconda.

Dunn, J. (2007). Siblings and socialization. In Grusec, J. E. & Hastings, P. D. (Hrsg.): *Handbook of socialization: Theory and research* (S. 309–327). New York: Guilford.

Egle U.T., Joraschky, P., Lampe, A., Seiffge-Krenke, I. & Cierpka, M. (2015) (Hrsg.). *Sexueller Missbrauch, Misshandlung, Vernachlässigung. Erkennung, Therapie und Prävention der Folgen früher Stresserfahrungen.* Stuttgart: Schattauer.

Ehrlich, R. (2004). Winnicott's response to Klein. *Psychoanalytic Quarterly, 73,* 2, 453–484.

El Kurdi, H. (2020). Kolumne in *die tageszeitung,* 27. 5. 2020.

Ellman, C.S. (2000). The emtpy mother: Women's fear of their destructive envy. *Psychoanalytic Quarterly, 69,* 633–657.

Etchegoyen, R.H., Nemas, C.R. (2003). Salierie's Dilemma: A counterpoint between envy and appreciation. *International Journal of Psychoanalysis, 84,* 45–58.

Etchegoyen, R.H., Zysman, S. (2005). Melanie Klein and Buenos Aires: Beginnings and developments. *International Journal of Psychoanalysis, 86,* 869–894.

Exline, J.J., Baumeister, R.F., Bushman, B.J., Campbell, W.K. & Finkel, E.J. (2004). Too proud to let go: Narcissistic entitlement as a barrier to forgiveness. *Journal of Personality and Social Psychology, 87,* 894–912.

Fabian, E. (2004). Gruppendynamische Aspekte der Geschwisterrivalität. *Gruppenpsychotherapie und Gruppendynamik, 40*, 65–84.

Feather, N.T., Sherman, R. (2002). Envy, Resentment, Schadenfreude and Sympathy: Reactions to deserved and undeserved achievement and subsequent failure. *Personality and Social Psychology Bulletin, 28,* 953–961.

Fegert, J.M., Hoffmann, U., König, E., Niehues, J. & Liebhart, H. (Hrsg.). (2015). *Sexueller Missbrauch von Kindern und Jugendlichen.* Heidelberg: Springer.

Feldman, E. & De Paola, H. (1994). An investigation into the psychoanalytic concept of envy. *International Journal of Psychoanalysis, 75,* 217–234.

Finkelhor, D. & Williams, L. M. (1988). Woman as perpretator. Review of the evidence. In Finkelhor, D. (Hrsg.). *Nursery crimes. Sexual abuse in the day care* (S. 29–69). Newbury Park: Sage.

Finzi-Dottan, R. & Cohen, O. (2011). Young adult sibling relations: The effect of perceived parental favorism and narcissism. *The Journal of Psychology, 45,* 1–22.

Fois, M. (2015). *Schwestern. Die alte Geschichte.* Berlin: Wagenbach.

Fonagy, P., Gergely, G., Jurist, E. L. & Target, M. (2002). *Affect regulation, mentalization, and the development of the self.* London: Karnac Books.

Frank, C. (2003). Zu Melanie Kleins zeitgenössischer Bezugnahme auf Hitler und den Zweiten Weltkrieg in ihren Behandlungen. *Psyche – Zeitschrift für Psychoanalyse und ihre Anwendungen, 57,* 708–728.

Frank, C. & Weiß, H. (1996). The origins of disquieting discoveries by Melanie Klein: The possible significance of the case of »Erna«. *International Journal of Psychoanalysis, 77,* 1101–1126.

Frank, K. E. (1986). Narzisstische Fallen der Dankbarkeit in psychoanalytischer Therapie und Ausbildung. *Zeitschrift für Klinische Psychologie, Psychopathologie und Psychotherapie, 34,* 5–18.

Freud-Bernays, A. (2006). *Eine Wienerin in New York.* Berlin: Aufbau-Verlag.

Freud, A. (1966 [1936]). *The ego and the mechanisms of defense.* New York: International University Press.

Freud, S, (2000 [1916]). *Der Traum.* Studienausgabe, Band 1. Frankfurt a. M.: Fischer.

Freud, S. (1900) Traumdeutung. *Gesammelte Werke II/III* (S. 239–263). Frankfurt a. M.: Fischer.

Freud, S. (1906–1909). Der Familienroman der Neurotiker. *Gesammelte Werke VII* (S. 228–231). Wien.

Freud, S. (1909). Der Familienroman der Neurotiker. *Gesammelte Werke VII* (S. 228–231). Frankfurt a. M.: Fischer.

Freud, S. (1917). Über Triebumsetzungen, insbesondere der Analerotik. *Gesammelte Werke X* (402–410). Frankfurt a. M.: Fischer.

Freud, S. (1923). Die infantile Genitalorganisation. *Gesammelte Werke XIII.* Frankfurt a. M.: Fischer.

Freud, S. (1925). Einige psychische Folgen des anatomischen Geschlechtsunterschieds. *Gesammelte Werke XIV* (S. 17–30) Frankfurt a. M.: Fischer.

Freud, S. (1937). Die endliche und die unendliche Analyse. *Gesammelte Werke XVI* (S.59–99). Frankfurt a. M.: Fischer.

Freud, S. & Freud, A. (2006): *Briefwechsel 1904–1938.* Frankfurt a. M.: Fischer.

Freud, S. & Jung, C. G. (1974) *Briefwechsel.* Frankfurt a. M.: Fischer.

Gabbard, G. O. (2000). On gratitude and gratification. *Journal of the American Psychoanalytic Association, 48,* 697–716.

Gabbard, G. O. (2003). Miscarriages of psychoanalytic treatment with suicidal patients. *International Journal of Psychoanalysis, 84,* 249–261.

Gaupp, B. (1982). Neid als Reifungschance für den Beneideten. In Pflüger, P.-M. (Hrsg.), *Neid, Eifersucht, Rivalität. Vom konstruktiven Umgang mit Bösem* (S. 139–163). Fellbach-Oeffingen: Verlag Alfred Bonz.

Gerlach, A. (1995). Kastrationsangst und oraler Neid im Geschlechterverhältnis. *Psyche – Zeitschrift für Psychoanalyse und ihre Anwendungen, 49,* 965–988.

Gödde, G. (2003): *Mathilde Freud. Die älteste Tochter Sigmund Freuds in Briefen und Selbstzeugnissen.* Gießen (Psychosozial-Verlag).

Gordon, A.K., Musher-Eizenmann, D.R., Holub, S.C. & Dalrymple, J. (2004). What are children thankful for? An analysis of gratitude before and after the attacks of September 11th. *Journal of Applied Developmental Psychology, 25*, 541-553.

Gregurek, R., Peršić-Brida, M. & Štakelar, V. (1994). Envy and gratitude in a large group of refugees. *Collegium Antropologicum, 18,* 231–240.

Grieser, J. (2015): *Triangulierung.* Gießen (Psychosozial-Verlag).

Grosskurth, P. (1993). *Melanie Klein: Ihre Welt, ihre Werke*. Stuttgart: Verlag Internationale Psychoanalyse

Grosskurth, P. (1998). Psychoanalysis: A dysfunctional family? *Journal of Analytic Psychology, 43,* 87–95.

Grosz-Ganzoni, I. (Hrsg.). (1996). *Widerspenstige Wechselwirkungen. Feministische Perspektiven in Psychoanalyse, Philosophie, Literaturwissenschaft und Gesellschaftskritik.* Tübingen: edition diskord.

Grotstein, J.S. (1997). Klein's archaic Oedipus complex and its possible relationship to the myth of the labyrinth: Notes on the origin of courage. *Journal of Analytic Psychology, 42,* 585–611.

Gumz, A. (2020). *Kompetent mit Spannungen und Krisen in der therapeutischen Beziehung umgehen.* Göttingen: Vandenhoeck & Ruprecht.

Hareli, S. & Weiner, B. (2002). Dislike and envy as antecedents of pleasure at another's misfortune. *Motivation and Emotion, 26*, 257–277.

Harris, J.C. (2003). The obsession of envy. *Archives of General Psychiatry, 60,* 764–765

Hartmann, H.P. (2018). *Narzissmus und narzisstische Persönlichkeitsstörungen.* Göttingen: Vandenhoeck & Ruprecht.

Haubl, R. (1998). Von der Todsünde zum kreativen Potential. Über destruktive und konstruktive Formen individuellen und kollektiven Neides. In: Ardjomandi, M.E., Berghaus, A., Knauss, W. (Hrsg.), *Jahrbuch für Gruppenanalyse und ihre Anwendungen. Neid und Eifersucht in Gruppenanalyse,* Bd. 4 (S. 17–43). Heidelberg: Mattes.

Haubl, R. (2008). *Neidisch sind immer nur die anderen. Über die Unfähigkeit, zufrieden zu sein.* München: Beck.

Heenen-Wolff, S. (2005). Penisneid und Lust am Penis. *Zeitschrift für psychoanalytische Theorie und Praxis, 20,* 98–114.

Heising, G. et al. (2002). *Lebendige Psychoanalyse*. Psychosozial Verlag.

Hemmer, K. (2000). Neid und Rivalität im Gruppenprozess aus spezifisch individualpsychologischer Sicht. *Zeitschrift für Individualpsychologie, 25,* 204–217.

Hirsch, M. (1999). Psychodynamik und Identitätsschicksal des Ersatzkindes. In H. Sohni (Hrsg.), *Geschwisterlichkeit. Horizontale Beziehungen in Psychotherapie und Gesellschaft* (S. 82 – 99). Vandenhoeck & Ruprecht.

Hirsch, M. (2015). *Das Kindesopfer-eine Grundlage unserer Kultur.* Gießen: Psychosozial-Verlag.

Horney, K. (1977 [1933]): *Die Psychologie der Frau.* München: Kindler.

Hupka, R.B., Otto, J.H. (2000). Neid und Eifersucht. In Otto, J.H., Euler, H.A. & Mandl, H. (Hrsg.), *Emotionspsychologie. Ein Handbuch* (S. 272–283). Weinheim: Psychologie Verlags Union.

Illouz, E. (2023). *Undemokratische Emotionen.* Frankfurt a. M.: Suhrkamp.

Jacobson. E. (1937). The effect of disappointment on ego and super-ego formation. *Psychoanalytic Review, 33,* 129–147.

Johnson, T.C. (1998). Female child perpetators. Children who molest other children. *Child Abuse and Neglect, 13,* 571–585.

Jones, R.L. (1994). An empirical study of Freud's penis-baby equation. *Journal of Nervous and Mental Disease, 182,* 127–135.

Karl, M. (2023). Ich brauche einen Liebhaber, der mich am Denken hindert. München: btb.

Kast, V. (2004). *Neid und Eifersucht. Die Herausforderungen durch unangenehme Gefühle.* München: dtv.

Kernberg, O.F. (1975). Zur Behandlung narzisstischer Persönlichkeitsstörungen. *Psyche– Zeitschrift für Psychoanalyse und ihre Anwendungen, 29,* 890–905.

Kernberg, O.F. (2005). Der nahezu unbehandelbare narzisstische Patient. *Persönlichkeitsstörungen – Theorie und Therapie, 9,* 131–146.

Kernberg, O.F. (2016). *Hass, Wut, Gewalt und Narzissmus*. Stuttgart: Kohlhammer.

Keylor, R.G. (2003). Subjecitivity, infantile oedipus, and symbolization in Melanie Klein and Jacques Lacan. *Psychoanalytic Dialogues, 13,* 211–242.

King, P. & Steiner, R. (2000). *Die Freud/Klein-Kontroversen.* Band 1: 1941 – 1945. Klett-Cotta.

Klein, M. (1945). The Oedipus complex in the light of of early anxieties. *International Journal of Psychoanalyses, 27,* 99–110.

Klein, M. (1946). Notes on some schizoid mechanisms. *International Journal of Psychoanalysis, 27,* 99–110.

Klein, M. (1997 [1932]). *Die Psychoanalyse des Kindes.* Gesammelte Schriften, Bd. 2. Stuttgart: Frommann-Holzboog.

Klein, M. (2000 [1957). Neid und Dankbarkeit. Eine Untersuchung unbewußter Quellen. In: *Gesammelte Schriften,* Bd. 3 (S. 279–367). Stuttgart: Frommann-Holzboog.

Klein, M. (2006 [1955]). *Das Seelenleben des Kleinkindes.* Stuttgart: Klett-Cotta.

Körner, J. (2016). *Psychodynamische Interventionsformen.* Vandenhoeck & Ruprecht.

Körner, J. (2018). *Zur Psychodynamik von Übertragung und Gegenübertragung.* Göttingen: Vandenhoeck & Ruprecht.

Kristeva, J. (2001). *Melanie Klein.* New York: Columbia University Press.

Kristeva, J. (2008). *Das weibliche Genie Melanie Klein.* Gießen. Psychosozial-Verlag.

Kutter, P. (2002). *Gier, Liebe, Neid. Archaische Kräfte der Seele.* Wiesbaden: Müller.

Kvon, M. (2017). Envy takes you further. The influence of benign envy on risk taking. *Social Behavior and Personality, 45,* 39–50.

Laverde-Rubio, E. (2004). Envy: One or many? *International Journal of Psychoanalysis, 85,* 401–418.

Lawson, D.W. & Mace, R. (2010). Siblings and mental health: Evidence for a later-born advantage. *Social Science and Medicine, 70,* 2061–2069

Lax, R.F. (1990). An imaginary brother: His role in the formation of a girl's self-image and ego ideal. *Psychoanalytic Study of the Child, 45,* 257–272.

Leach, C.W., Spears, R., Branscombe, N.R. & Doosje, B. (2003). Malicious pleasure: Schadenfreude at the suffering of another group. *Journal of Personality and Social Psychology,* 932–943.

Lehmkuhl, U. & Lehmkuhl, G. (1995). Die Bedeutung der Geschwisterkonstellation aus psychotherapeutischer Sicht. *Zeitschrift für Individualpsychologie, 20,* 195–207.

Lellau, J. (2018). Sadismus in der Übertragung. *Forum Psychoanalyse, 34,* 173–185.

Lethen, H. (2022). *Der Sommer des Großinquisitors. Über die Faszination des Bösen.* Berlin: Rowohlt.

Lieberei, B. (2023). Verbitterungsstörungen in Krisenzeiten – eine therapeutische Herausforderung. *Psychotherapie im Dialog, 24,* 66–71.

Linden, M. (2017). Verbitterung und Posttraumatische Verbitterungsstörung. *Fortschritte der Psychotherapie, 65,* 11–16.

Linden, M. & Arnold, C.P. (2021). Embitterment and posttraumatic embitterment disorders: An old, frequent and still underrecognized problem. *Psychotherapy and Psychosomatics, 90,* 73–80.

Lohl, J. (2023). Hass und Gewalt im Rechtspopulismus. *Psychodynamische Psychotherapie, 2,* 132–144.

López-Corvo, R.E. (1999). Self-envy and intrapsychic interpretation. *Psychoanalytic Quarterly, 68,* 209–219.

Ludin, J. (2003). Lust, Neid und Realitätsvermeidung. *Zeitschrift für Psychoanalytische Theorie und Praxis, 18,* 79–86.

Ludwig-Körner, C. (2023). *Und sie fanden eine Heimat. Leben und Wirken der Mitarbeiterinnen von Anna Freud in den Kriegskinderheimen.* Stuttgart: Fromann-Holzboog.

Mason, A. (2003). Melanie Klein, 1882–1960 – Images in psychiatry. *American Journal of Psychiatry, 160,* 241–241.

May, U. (2001). Abraham's discovery of the »bad mother«. A contribution to the history of the theory of depression. *International Journal of Psychoanalysis, 82,* 283–305.

Mayr, U. (2004). Warum Therapien scheitern. *Psychologie Heute, 31,* 64–68.

McCullough, M.E., Kilpatrick, S.D., Emmons, R.A., Larson, D.B. (2001). Is gratitude a moral effect? *Psychological Bulletin, 127,* 249–266.

Meier, A. & Johnson, B. K: (2022). Social comparison and env in social media: An overview. *Current Opinion in Psychology, 45,* 101302.

Mentzos, S. (2003). Machtpolitische und psychosoziale Funktionen von Feindbildern. In W. Brüggen und M. Jäger (Hrsg.), *Brauchen wir Feindbilder?* (S. 63–83). Berlin: Edition Freitag.

Meyer-Palmedo, I. (2006). *Briefwechsel Sigmund Freud-Anna Freud.* Frankfurt a. M.: Fischer.

Mitchell, J. (2003). *Siblings, sex, and violence.* Cambridge: Polity Press.

Mitchell, J. (2013). Siblings: Thinking theory. *Psychoanal Study Child, 67,* 14–34.

Mitscherlich-Nielsen, M. (1975). Psychoanalyse und weibliche Sexualität. *Psyche – Zeitschrift für Psychoanalyse und ihre Anwendungen, 29,* 769–788.

Mittelsten Scheid, B. (1995). Neid oder die befreiende Wirkung der Vielfalt. *Gruppenpsychotherapie und Gruppendynamik, 31,* 2–15.

Modena, E. (1986). Der Gebärneid des Mannes. *Psychologie Heute, 13,* 40–47.

More, A. (1997). Die Bedeutung der Genitalien in der Entwicklung von (Körper)Selbstbild und Wirklichkeitssinn. *Forum Psychoanalyse, 13,* 312-337.

Moré, A. (1997). Die Bedeutung der Genitalien in der Entwicklung von (Körper)Selbstbild und Wirklichkeitssinn. *Forum der Psychoanalyse, 13,* 312–337.

Moser-Ha, H. (2001). Working through envy: Some technical issues. *International Journal of Psychoanalysis, 82,* 713–725.

Moser, C.J., Jones, R.A., Zaroski, D.M., Mirsalimi, H., Luchner, A.F. (2005). The impact of sibling in clinical practice: Transference and countertransference dynamics. *Psychotherapy: Theory, Research, Practice, Training, 42,* 267–278.

Niedecken, D. (2004). Neue Perspektiven in einer alten Kontroverse: Melanie Klein. *Psyche – Zeitschrift für Psychoanalyse und ihre Anwendungen, 58,* 114–149.

Olivieri-Larsson, R. (1991). Die Rolle des Vaters in der Persönlichkeitsentwicklung des Kindes. *Psychoanalyse im Widerspruch, 6,* 65–73.

Panagiotidis, A. (2019). *Abschlussbericht zur tiefenpsychologisch fundierten Ausbildung am WEBB.* Mainz.

Peters, U.H. (1979). *Anna Freud. Ein Leben für das Kind.* München: Kindler.

Plenker, F.P. (2005). Das Konzept der Gegenübertragung – Ursprünge und Grundzüge kleinianischer Weiterentwicklungen. *Psyche – Zeitschrift für Psychoanalyse und ihre Anwendungen, 59,* 685–717.

Pollak, B. (1992). Die Frau das definierte Mangelwesen. *Störfaktor, 5,* 44–59.

Pulakos, J. (1989). Young adult relationships: Siblings and friends. *Journal of Psychology, 123*, 237 – 244.

Rappaport, D. (1998). Destruction and gratitude. Some thoughts of on »the use of an object«. *Contemporary Psychoanalysis, 34,* 369–378.

Reenkola, E. (2021). Envy between woman. *Scandinavian Psychoanalytic Review, 44,* 56–66.

Richter, H.-E. (1963). *Eltern, Kind, Neurose.* Hamburg; Rowohlt.

Richter, H.-E. (2005). *Der Gotteskomplex.* Gießen: Psychozozial-Verlag.

Rohde-Dachser, C. (1989). Zurück zu den Müttern? Psychoanalyse in der Auseinandersetzung mit Weiblichkeit und Macht. *Forum der Psychoanalyse, 5,* 19–34.

Rohde-Dachser, C. (2006). Über Hingabe, Tod und das Rätsel der Geschlechtlichkeit. Freuds Weiblichkeitstheorie aus heutiger Sicht. *Psyche – Zeitschrift für Psychoanalyse und ihre Anwendungen, 60,* 948–977.

Rosenfeld, H.A. (1987). *Sackgassen und Deutungen.* München und Wien: Verlag Internationale Psychoanalyse.

Rost, W. & Schulz, A. (1994). *Rivalität. Über Konkurrenz, Neid und Eifersucht.* Berlin: Springer Verlag.

Ruff, W. (2015). Motive für Sohnestötungen. In Hirsch, M. (Hrsg.), *Das Kindesopfer – eine Grundlage unserer Kultur* (S. 59–90). Gießen: Psychosozial-Verlag.

Rusbridger, R. (2004). Elements of the Oedipus complex: A Kleinian account. *International Journal of Psychoanalysis, 85,* 731–747.

Safran, J.D., Muran, J.C. & Eubanks- Cater, C. (2011). Reparing alliance ruptures. *Psychotherapy, 48,* 80–87.

Salber, L. (2006). *Der dunkle Kontinent. Freud und die Frauen.* Reinbek: Rowohlt

Salovey, P. (1991) (Hrsg.). *The psychology of jealousy and envy.* New York: Guilford.

Sandell, R. (1993). Envy and admiration. *International Journal of Psychoanalysis, 74,* 1213–1221.

Sandmeyer, J. (2018). Sugar and spice. Competitiveness, envy and shame in womans' relationships. *Psychoanalytic Dialogues, 28,* 455–461.

Schafer, R. (2002). Defenses against goodness. *Psychoanalytic Quarterly, 71,* 5–19.

Scharf, M., Shulman, S., Avigad-Spitz, L. (2005). Sibling relationships in emerging adulthood and adolescence. *Journal of Adolescent Research, 20,* 64–90.

Scheid, B.M. (1995). Envy or the relieving effect of variety. *Gruppenpsychotherapie und Gruppendynamik, 31,* 2–15.

Schoeck, H. (1992). Die Uneingestehbarkeit des Neid Motivs in unserer Gesellschaft. In: Pflüger, P.-M. (Hrsg.), *Neid, Eifersucht, Rivalität. Vom konstruktiven Umgang mit Bösem* (S. 78–114). Fellbach-Oeffingen: Verlag Alfred Bonz.

Schorn, A. (2003). Wenn andere haben, was ich nicht habe. Die intrapsychische und interpersonelle Dynamik des Neides. *Gruppendynamik und Organisationsberatung, 34,* 261–278.

Segal, H. (1974 [1964]). *Melanie Klein. Eine Einführung in ihr Werk.* München: Kindler.

Segal, H. (1996). *Traum, Phantasie und Kunst.* Stuttgart: Klett-Cotta.

Seidler, G.H. (2001). Phänomenologische und psychodynamische Aspekte von Scham- und Neidaffekten. *Psyche – Zeitschrift für Psychoanalyse und ihre Anwendungen, 55,* 43–62.

Seiffge-Krenke, I. (2000). Geschwister chronisch kranker Jugendlicher: Zwischen Parentifizierung und Vernachlässigung. In G. Klosinski (Hrsg.), *Verschwistert mit Leib und Seele* (S. 176–194). Tübingen: Attempto.

Seiffge-Krenke, I. (2001a). *Diabetic adolescents and their families: Stress, coping, and adaptation.* Cambridge: Cambridge University Press.

Seiffge-Krenke, I. (2001b). Geschwisterbeziehungen zwischen Individuation und Verbundenheit: Versuch einer Konzeptualisierung. *Praxis der Kinderpsychologie und Kinderpsychiatrie, 6,* 421–439.

Seiffge-Krenke, I. (2009). *Psychotherapie und Entwicklungspsychologie.* Heidelberg: Springer.

Seiffge-Krenke, I. (2016). *Väter, Männer und kindliche Entwicklung. Ein Lehrbuch für Psychotherapie und Beratung.* Heidelberg: Springer.

Seiffge-Krenke, I. (2017a). *Die Psychoanalyse des Mädchens.* Stuttgart: Klett-Cotta.

Seiffge-Krenke, I. (2017b). *Widerstand, Abwehr und Bewältigung.* Göttingen: Vandenhoeck & Ruprecht.

Seiffge-Krenke, I. (2017c). Das Aschenputtelphänomen. Neid unter Schwestern und die Aufspaltung des Mutterbildes. *Psyche – Zeitschrift für Psychoanalyse und ihre Anwendungen, 9/10,* 841–864.

Seiffge-Krenke, I. (2022). *Auf der Suche nach dem neuen Ich: Identitätsentwicklung im Jugendalter.* Stuttgart: Kohlhammer.

Seiffge-Krenke, I. & Schneider, N. (2012). *Familie – nein danke?! Familienglück zwischen neuen Freiheiten und alten Pflichten.* Göttingen: Vandenhoeck & Ruprecht.

Seiffge-Krenke, I., Boeger, A., Schmidt, C., Kollmar, F., Floß, A. & Roth. M. (1996). *Chronisch kranke Jugendliche und ihre Familien.* Stuttgart: Kohlhammer.

Senet, N.V. (2004). A study of preschool children's linking of genitals and gender. *Psychoanalytic Quarterly, 73,* 291–334.

Shanahan, D., Cristel, A.R. & Alderman, J. (2023). The role of personality, self-disclosure, and envy in maladaptive social media behavior engagement. *Cyberpsychology, Behavior, and Social Networking, 26,* 23–41.

Shengold, L. (1994). *Envy and malignant envy. Psychoanalytic Quarterly, 63,* 615–640.

Skinner, N.F. (1997). Failure to support a test for penis envy. *Psychological Reports, 80,* 754–754.

Sohni, H. (2004). *Geschwisterbeziehungen in Familien, Gruppen und in der Familientherapie.* Göttingen: Vandenhoeck & Ruprecht.

Sohni, H. (2011). *Geschwisterdynamik.* Gießen: Psychosozial-Verlag.

Spielman, R. & Taylor, D. (2006). Continuity and change in the post-Kleinian evolution in London: Clinical work of John Steiner, Ronald Britton and Michael Feldman (1988–2004). *International Journal of Psychoanalysis, 87,* 563–566.

Stein, C. (1994). Penisneid und Inzestverbot. *Zeitschrift für psychoanalytische Theorie und Praxis, 9*, 320–332.

Stephen, M. (1998). Consumig the dead: A Kleinian perspective on death rituals cross- culturally. *The International Journal of Psychoanalysis, 79*, 1-22.

Stephen, M. (2000). Reparation and the gift. *Ethos, 28,* 119–146.

Stern, D. (1992). *Die Lebenserfahrung des Säuglings.* Stuttgart: Klett-Cotta.

Stern, D. (1998). *Die Mutterschaftskonstellation.* Stuttgart: Klett-Cotta.

Subic-Wrana, C. & Beutel, M. (2018). *Panikstörung und Phobie.* Psychodynamik Kompakt, Göttingen: Vandenhoeck & Ruprecht.

Sulloway, F. (1999). *Der Rebell in der Familie*. Siedler.

Sulloway, F. J. (1997). *Der Rebell der Familie. Geschwisterrivalität, kreatives Denken und Geschichte.* Berlin: Siedler.

Taylor, J. F. (2003). Children and young people accused of child sexual abuse. *Journal of Sexual Aggression, 9,* 57–70.

Teigen, K.H. (1997). Luck, envy and gratitude: It could have been different. *Scandinavian Journal of Psychology, 38,* 313–323.

Torok, M. (1979). Die Bedeutung des Penisneides bei der Frau. In Chasseguet-Smirgel, J. (Hrsg.), *Psychoanalyse der weiblichen Sexualität.* Frankfurt: Suhrkamp, S. 193–230.

Tsang, J.-A. (2006). The effects of helper intention on gratitude and indebtedness. *Motivation and Emotion, 30,* 199–205.

Tyson, P. (1994). Bedrock and beyond: An examination of the clinical utility of contemporary theories of female psychology. *Journal of the American Psychoanalytic Association, 42,* 447–467.

Urlić, I., Moro, L., Vlastelica, M., Vrebalov-Cindro, V. & Tocilj Šimunković, G. (1998). The phenomenon of Envy in Theory and Therapy. *Collegium Antropologicum, 22,* 203–219.

Van Volkom, M., Machiz, C. & Reich, A. (2011). Sibling relationships in the college years: Do gender, birth order, and age spacing matter? *North American Journal of Psychology, 13,* 35–50.

Vitz, P. C. & Mango, P. (1997). Kleinian psychodynamics and religious aspects of hatred as a defense mechanism. *Journal of Psychology and Theology, 25,* 64–71.

Vivona, J. (2007). Sibling differentiation, identity development, and the lateral dimension in psychic life. *Journal of the American Psychoanalysis Association, 55,* 1191–1215.

Vogel, S. (1992). *Neid. Theorie und Forschung.* Regensburg: S. Roderer Verlag.

Wang, T., Mai, X. T. & Thai, T. D. H. (2021). Approach or avoid? The dualistic effects of envy on social media use. *International Journal of Information Management, 60,* 1–15.

Watson, P., Scheer, J., Ovniecek, M. & Kolts, R. (2006) The debt of gratitude: Dissociating gratitude and indebtedness. *Cognition and Emotion, 2,* 217–241.

Weiß, H. (1995). Wörter und Dinge. Zur Deutung von Neid und Desymbolisierung im psychoanalytischen Prozess. In Lang, H., Pagel, G. & Weiss, H.

(Hrsg.), *Zur Klinik der Psychosen im Lichte der strukturalen Psychoanalyse* (S. 133–143). Würzburg: Königshausen & Neumann.

Weiß, H. (2001). Zur Beziehung zwischen einigen theoretischen Konzepten bei Melanie Klein und Wilfred Bion. *Psyche – Zeitschrift für Psychoanalyse und ihre Anwendungen, 55,* 159–180.

Wellendorf, F. (1995). Zur Psychoanalyse der Geschwisterbeziehung. *Forum Psychoanalyse, 11*, 295–310.

Willi, J. (1985). *Koevolution – die Kunst gemeinsamen Wachsens.* Reinbek: Rowohlt.

Winnicott, D. (1947). Hate in the countertransference. In ders. *Through pediatrics to psychoanalysis* (S. 194–203). New York: Bruner & Mazel.

Winnicott, D. (1969). The use of the object and elating through identification. In ders. *Playing and reality* (S. 86–94). London: Tavistock.

Wirth, H.J. (2022). *Gefühle machen Politik.* Gießen. Psychosozial-Verlag.

Witman, R.F.M. & Bloch, E.E. (1990). Therapist envy. *Bulletin of the Menninger Clinic, 89,* 1–14.

Wurmser, L. (2006). Pathologische Eifersucht. Dilemma von Liebe und Macht. *Forum der Psychoanalyse, 22,* 3–22.

Young-Bruehl, E. (1989). Looking for Anna Freud's mother. *Psychoanal Study Child, 44,* 391–408.

Zill, P. (2023). *Sexualisierte Gewalt durch Geschwister.* Bachelor-Arbeit an der IPU, Berlin.

Zysman, S. & Hollander, N.C. (2000). Erna and Melanie Klein. *International Journal of Psychoanalysis, 81,* 579–581.

Psychosozial-Verlag

Petra Holler

Borderline

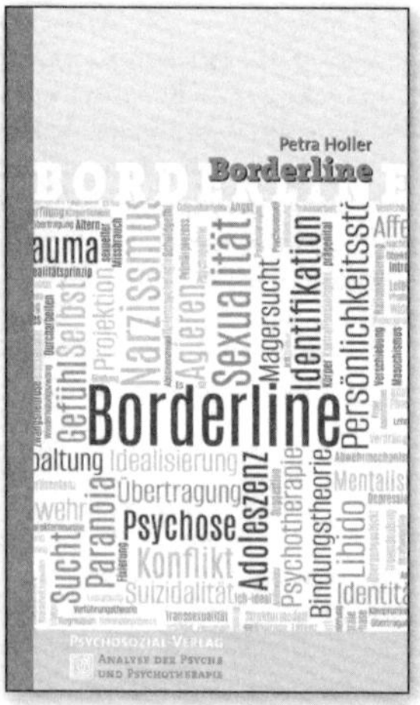

2023 · 145 Seiten · Broschur
ISBN 978-3-8379-3209-6

Die Borderlinestörung hat sich zu einem der am meisten untersuchten Störungsbilder entwickelt. Ihre Kennzeichen sind unreife und unflexible Abwehrbewegungen zur Regulierung psychischer Homöostase, Identitätsdiffusion als Ausdruck unzureichend integrierter Selbst- und Objektbilder sowie eine überwiegend intakte Realitätsprüfung, die jedoch in Zuständen intensiver Angst vorübergehend zusammenbrechen kann.

Petra Holler zeichnet die Geschichte des psychoanalytischen Borderlinekonzepts nach. Beginnend mit der Etablierung der Psychiatrie und Neurologie als Disziplinen der Medizin, gelangt sie zum modernen psychoanalytischen Borderlinekonzept nach Otto F. Kernberg, das objektbeziehungstheoretische, moderne kleinianische, Ich-psychologische und affekttheoretische Konzepte integriert. Bei der Behandlung der Störung muss das psychoanalytische Vorgehen je nach Schweregrad der strukturellen Beeinträchtigungen modifiziert und angepasst werden. Anhand von zahlreichen kurzen Fallskizzen vermittelt die Autorin einen plastischen Eindruck der besonderen Herausforderungen in der Therapie von Borderlinepatientinnen und -patienten.

Walltorstr. 10 · 35390 Gießen · Tel. 0641-969978-18 · Fax 0641-969978-19
bestellung@psychosozial-verlag.de · www.psychosozial-verlag.de